CUADERNO DE ACTIVIDADES

Fabián A. Samaniego
University of California, Davis

M. Carol Brown
California State University, Sacramento

Patricia Hamilton Carlin
University of California, Davis

Sidney E. Gorman
Fremont Unified School District
Fremont, California

Carol L. Sparks
Mt. Diablo Unified School District
Concord, California

HEATH

D.C. Heath and Company

Lexington, Massachusetts

Toronto, Ontario

Illustration Credits

Fian Arroyo
Susan Banta
Carlos Castellanos
Timothy Jones
Claude Martinot
Timothy McGarvey
George Ulrich
Tech-Graphics, Inc.
PC&F, Inc.

Published simultaneously in Canada

Printed in the United States of America

International Standard Book Number: 0-669-43347-0

3 4 5 6 7 8 9 –DBH– 99 98 97

This book is printed on recycled, acid-free paper.

CONTENIDO

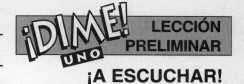
A **¿Es tu mochila?** Daniela is at the school office reporting a lost backpack. Listen as she tells what's in her backpack and check off the items she mentions. Listen a second time to verify your answers.

1.

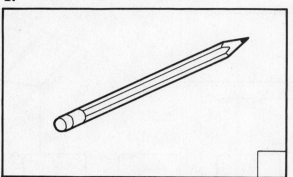

2.

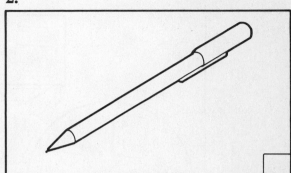

3.

4.

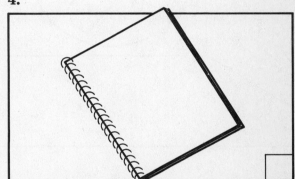

5.

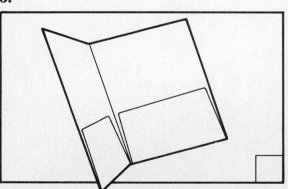

6.

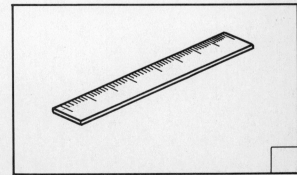

¿Qué hay? Francisco is describing his classroom from memory. Listen to his statements and tell whether they are accurate (**sí**) or not (**no**). Listen a second time to verify your answers.

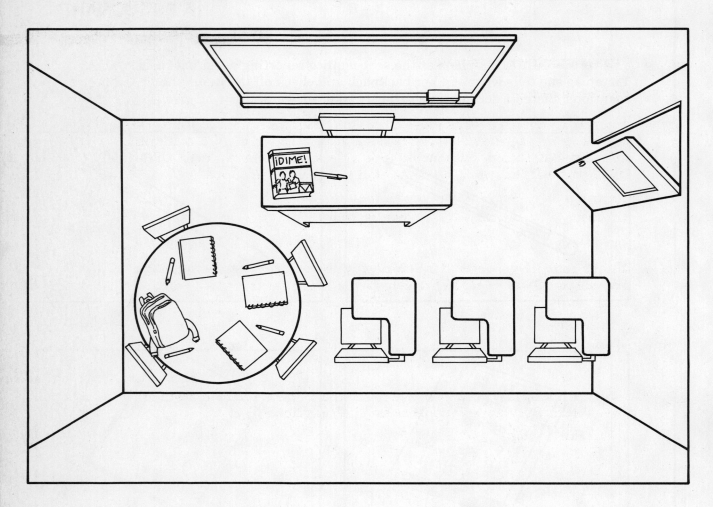

	sí	*no*
1.	☐	☐
2.	☐	☐
3.	☐	☐
4.	☐	☐
5.	☐	☐
6.	☐	☐
7.	☐	☐
8.	☐	☐

Fecha _____

Pronunciación y ortografía

Palabras afines

C Spanish words that look like English words and have similar meanings are called cognates (**palabras afines**). Even when Spanish/English cognates look identical, their pronunciation is usually different. Listen to the following cognates. Then repeat each one after you hear it said twice.

problema	animal	plástico
profesor	chocolate	universidad

CH Many Spanish cognates end in **-ción/-sión.** Be careful not to pronounce this ending as you would in English. Listen as the speaker pronounces these words. Then repeat each one after you hear it said twice.

conversación	estación	composición	emoción
nación	televisión	pronunciación	ocasión

D Listen as the speaker pronounces a list of words twice. Indicate whether each word is Spanish (**español**) or English (**inglés**).

	español	*inglés*
1.	☐	☐
2.	☐	☐
3.	☐	☐
4.	☐	☐
5.	☐	☐
6.	☐	☐
7.	☐	☐
8.	☐	☐

A   **Para profesores.** The person who prepared this ad for teachers' supplies forgot to label the items being sold. Identify each item and write its name in the space provided in the ad.

MATERIALES ESCOLARES

Para el colegio. This illustration shows everything you need for school. Write a shopping list of all these items so that you won't forget what you need to buy.

_____   _____

_____   _____

_____   _____

_____   _____

C **¿Hay un lápiz?** Julio's room is a mess. Ask if these items are in his room.

MODELO **¿Hay una mochila?**

1. _____

2. _____

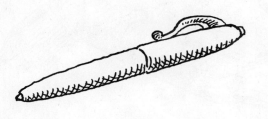

3. _____

4. _____

5. _____

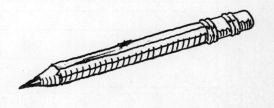

6. _____

7. _____

8. _____

No hay un lápiz. This is a drawing of Julio's messy room. Now answer your own questions in activity C based on what you can see in the room.

MODELO *¿Hay una mochila?*
Sí, hay una mochila.

1. _____
2. _____
3. _____
4. _____
5. _____
6. _____
7. _____
8. _____

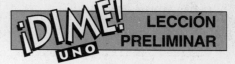
Vocabulario personal

The **Vocabulario personal** section of your **Cuaderno** is very important. In it you will enter two kinds of vocabulary:

1. all the words and expressions you must know well in order to do the activities in the lesson and to accomplish the communication tasks you are learning, and

2. any additional words and expressions you may want to remember in order to say and do exactly what you want to say and do.

Your **Vocabulario personal** will provide you with an excellent study aid for review before quizzes and tests, as well as a personal reference for extra vocabulary you have looked up, asked for in class, or that your teacher has provided.

The headings allow you to group the words and expressions into categories based on what you are learning to say —***Materiales escolares*** (School supplies), ***En el colegio*** (At school), for example. Write carefully when you make an entry, and check your spelling.

Be sure to bring your **Cuaderno** to class each day so that you can enter the new words and expressions you learn in your **Vocabulario personal.**

In this lesson you learned the names of classroom objects and many other useful words and phrases. Write the Spanish words and phrases that you learned in each category.

Materiales escolares

_____   _____

_____   _____

_____   _____

_____   _____

_____   _____

_____   _____

_____   _____

_____   _____

_____   _____

En el colegio

_____   _____
_____   _____
_____   _____
_____   _____
_____   _____
_____   _____
_____   _____

Palabras y expresiones

_____   _____
_____   _____
_____   _____
_____   _____
_____   _____

Artículos

_____   _____
_____   _____
_____   _____
_____   _____

Nombre _____

Fecha _____

¡DIME!
UNO

LECCIÓN
PRELIMINAR

¡A JUGAR Y PENSAR!

A **Sopa de letras.** Can you find all of these Spanish words hidden in the puzzle? They may look like English words to you now, but they are Spanish words that you will be able to use. They may be from left to right or from top to bottom.

actor	capital	director	hospital	piano	similar
animal	color	doctor	hotel	radio	television
artificial	cultural	error	ideal	rodeo	
banana	chocolate	formal	patio		

```
D  I  R  E  C  T  O  R  I  T  I  H
O  D  C  H  O  C  O  L  A  T  E  O
C  E  S  O  L  E  S  R  N  E  R  S
T  A  C  T  O  R  I  A  I  L  R  P
O  L  A  E  R  S  M  D  M  E  O  I
R  Y  T  L  O  L  I  I  A  V  R  T
B  A  N  A  N  A  L  O  L  I  P  A
E  A  F  O  R  M  A  L  R  S  A  L
N  C  U  L  T  U  R  A  L  I  T  S
R  O  D  E  O  P  I  A  N  O  I  P
A  C  A  P  I  T  A  L  N  N  O  I
S  A  R  T  I  F  I  C  I  A  L  H
```

Now that you have done the puzzle, use the rest of the letters in the order they appear reading left to right, to find a special message.

___ ___ ___ ___ ___ ___ ___ ___ ___

___ ___ ___ ___ ___ ___ ___ ___

Materiales escolares. Complete this puzzle with the Spanish equivalent of the school supplies.

Horizontal

- **4** calculator
- **7** chair
- **8** backpack
- **9** student's desk
- **10** folder
- **12** eraser
- **13** teacher's desk
- **14** book
- **15** paper

Vertical

- **1** class
- **2** ballpoint pen
- **3** chalkboard
- **5** student
- **6** chalk
- **8** table
- **10** notebook
- **11** ruler
- **14** pencil

A **¡Hola!** It is a typical day, and you hear people greeting each other. Indicate whether each greeting you hear is given *in the morning, in the afternoon, in the evening,* or *anytime during the day*.

MODELO You hear: *¿Cómo estás?*
You mark: [X] **anytime**

	in the morning	*in the afternoon*	*in the evening*	*anytime*
1.	☐	☐	☐	☐
2.	☐	☐	☐	☐
3.	☐	☐	☐	☐
4.	☐	☐	☐	☐
5.	☐	☐	☐	☐
6.	☐	☐	☐	☐

B **Saludos y despedidas.** During the day you hear people saying hello and good-bye. Mark **saludo** if what you hear is a greeting or **despedida** if it's a good-bye.

MODELO You hear: *Adiós.*
You mark: [X] **despedida**

	saludo	*despedida*
1.	☐	☐
2.	☐	☐
3.	☐	☐
4.	☐	☐
5.	☐	☐
6.	☐	☐

C **En la escuela.** It is the first day of school. Listen to the conversation between Pablo, Lisa, and the principal. You will hear the conversation twice. Next you will hear five statements. For each one, circle **C (cierto)** if the statement is true or **F (falso)** if the statement is false.

C F **1.** Lisa está bien.

C F **2.** Pablo está terrible.

C F **3.** La directora es la profesora de historia.

C F **4.** Es por la mañana.

C F **5.** Es hora de clase.

¿Quién es? A teacher is talking about people at the school. Indicate whether she is talking about a female or a male by circling the appropriate figure.

MODELO You hear: *Es el profesor de inglés.*
            You circle: **the drawing of the man**

1.   **2.**

3.   **4.**

5.   **6.**

¿Con quién? You hear Alicia talking to señor Blanco and Tomás. Which of them is she talking to?

MODELO You hear: *¿Cómo está usted?*
            You circle: **the drawing of Sr. Blanco**

Sr. Blanco   *Tomás*   *Sr. Blanco*   *Tomás*

1.   **2.**

3.   **4.**

5.   **6.**

E **¿Qué dices?** Indicate how you would respond to the following questions and greetings by circling the letter of the appropriate response.

MODELO   You hear: *Hola, soy Juan.*
You see: **a.** Muy bien, gracias.   **b.** Mucho gusto.
You circle: (**b.**) **Mucho gusto.**

1. (**a.**) Bien, gracias.   **b.** Es el director.

2. **a.** Es mi amigo.   (**b.**) Es Ana.

3. **a.** Encantado.   (**b.**) No, soy estudiante.

4. (**a.**) Muy bien.   **b.** Hasta luego.

5. (**a.**) Mucho gusto.   **b.** Es profesora.

6. (**a.**) Bien, gracias.   **b.** Hasta mañana.

7. **a.** Buenos días.   (**b.**) Adiós.

Pronunciación y ortografía

Las vocales

F Spanish has five vowel sounds: **[a], [e], [i], [o], [u].** Each vowel is always pronounced in the same way, no matter what word it is in. First listen to the pronunciation of the sounds. Each sound will be repeated three times.

a   e   i   o   u

G Now repeat the vowel sounds in the exercise above after the speaker. Each sound will be said twice.

H Now circle the vowel you hear. You will hear each vowel twice.

1. a   (e)   i   4. a   (e)   i
2. o   u   (a)   5. (o)   i   a
3. (i)   u   e   6. i   (u)   o

I Listen to the following words with the **[a]** sound.

mamá   adiós   hasta mañana   gracias   caramba

J Now repeat each word in the exercise above after the speaker.

K   Listen to the following words with the **[e]** sound.

Beto   es   escuela
él   José

L   Now repeat each word in the exercise above after the speaker.

LL Listen to the following words with the **[i]** sound. Note that the letter **y** sounds like **[i]** when it is by itself or at the end of a word.

mi   tímido   muy
sí   inteligente soy
chica   y

M   Now repeat each word in the exercise above after the speaker.

N   Listen to the following words with the **[o]** sound.

noche   perdón   por favor
español   profesor

Ñ   Now repeat each word in the exercise above after the speaker.

O   Listen to the following words with the **[u]** sound.

un   usted   mucho gusto
Lupe   Uruguay

P   Now repeat each word in the exercise above after the speaker.

Q   Now circle the word you hear. Each word will be said twice.

1. (pipa)   pepa
2. paso   (peso)
3. mala   (mula)
4. (van)   ven
5. (cara)   caro
6. vine   (vino)
7. (retina)   rutina
8. mesas   (meses)
9. peca   (pica)

A **Saludos, despedidas y presentaciones.** Complete each cartoon with an appropriate phrase.

MODELO

_____
Bien, ¿y tú?

1. _____

2. _____

3. _____

4. _____

5. _____

6. _____

Títulos. Complete these sentences with the names of your own teachers. Remember to use the titles of **el señor, la señora,** and **la señorita.**

MODELO   Mi profesora de arte es **la señorita Meraz.**

1. Mi profesor(a) de historia es _____ .

2. Mi _____ de matemáticas es _____ .

3. Mi _____ de ciencias es _____ .

4. Mi _____ de español es _____ .

5. Mi _____ de educación física es _____ .

6. Mi _____ de inglés es _____ .

7. Mi _____ .

¿Quién es? Guadalupe is at a party where she does not know most of the guests. To find out how she tries to identify people, complete each question with the appropriate form of the verb **ser.**

1. ¿ _____ ella María Ortiz?

2. ¿ _____ tú Gloria?

3. ¿ _____ usted el Sr. López?

4. ¿ _____ él Roberto?

5. ¿ _____ usted la Sra. Ruiz?

6. ¿ _____ ella la Srta. Blanco?

7. ¿ _____ tú Antonio?

8. ¿ _____ él Samuel?

Ella es Guadalupe. Silvia has just walked up to a group of people she doesn't know. What does Mateo say as he introduces everyone?

1. Yo _____ Mateo.

2. Ella _____ Guadalupe Merino.

3. Él _____ el Sr. García.

4. Ella _____ la Sra. Rosas.

5. Él _____ Paco Martínez.

6. Y tú _____ Silvia Luján, ¿verdad?

D **Conversación.** Complete this conversation between Alonso and Carmen to find out what Carmen thinks about her math class.

ALONSO Buenos días, Carmen. ¿Cómo estás?

CARMEN _Muy Bien, ¿y tú?_

ALONSO Bien. ¿Quién es él?

CARMEN ¿ _el_ ? Es mi amigo Pablo.

ALONSO ¿Y _ella_ ? ¿Quién es?

CARMEN Es mi _profesor_ de matemáticas. Es la señora Durán.

ALONSO ¿ _es_ buena la clase?

CARMEN Sí. ¡Es muy _buena_ !

ALONSO Bueno, adiós. Hasta _luego_ .

CARMEN _adios._

E **¡Hola!** In the left column, write your part of a conversation with a new student.

In the right column, write the new student's responses.

1. Greet the new student

   Hola. ¿Que tal?

1.

   muy bien gracias, ¿y tú?

2. Tell the new student who you are and ask his or her name.

   Me llamás es Jordan.
   ¿Como te llamas?

2.

   me llamo es ...

3. Say good-bye.

   adiós

3.

   Hasta mañana.

In this and the next two lessons, some suggestions are provided on how to use your **Vocabulario personal.** As you find new ways to work with it, you may want to share them with classmates.

1. After doing *Charlemos un poco* activities, write down all the words you used.

2. As you do *Charlemos un poco más* and *Dramatizaciones*, check your list and add any additional words, phrases, and expressions that you have used or heard.

3. Read through the *Para empezar* and *¿Qué decimos. . . ?* sections. Add any words and expressions from there that you particularly want to remember.

4. Before a lesson quiz, compare your list with that of a classmate or two. Add any words or expressions that may be missing.

Be sure to bring your Cuaderno with you to class every day, so that you can enter the new vocabulary you learn.

In this lesson you learned how to greet people, how to say good-bye, how to address people, how to identify them, and much more. Write down the Spanish words and phrases that you learned in each category.

Saludos

_____

_____

_____

_____

_____

_____

Respuestas

_____

_____

_____

_____

_____

_____

Despedidas

_____

_____

_____

_____

_____

_____

Personas

_____   _____

_____   _____

_____   _____

_____   _____

_____   _____

_____   _____

_____   _____

Verbos

_____   _____

_____   _____

_____   _____

Exclamaciones

_____   _____

_____   _____

_____   _____

_____   _____

Palabras y expresiones

_____   _____

_____   _____

_____   _____

_____   _____

_____   _____

Nombre *Jordan Livingston*

Fecha *9/15/97*

¡DIME! UNO

UNIDAD 1

LECCIÓN 1

¡A LEER!

Antes de empezar

1. How many different ways do you know of saying good-bye in English? List them.

   Good bye

   see you later

   by

   until later

2. How many different ways of saying good-bye have you learned in Spanish? List them.

   adios

   Hasta luego

   Hasta mañana

   Hasta la vista

LECTURA

Learn more ways of saying good-bye by reading this poem.

Despedida

Adiós decimos cuando nos vamos.
¡Adiós, amigo! ¡Adiós, hermanos!

¡Hasta la vista! o ¡Hasta luego!
¡Hasta muy pronto! o ¡Ya nos vemos!

Y a todo el mundo con dulce voz
al despedirme le digo ¡Adiós!

Eva Guerra Flores (México)

Verifiquemos

1. How many different ways of saying good-bye are in this poem?

   ___ 1   ___ 3   ✓ 5   ___ 7   ___ 9   ___ 11

2. How many of these are new to you?

   ✓ 2   ___ 4   ___ 6   ___ 8   ___ All of them.

3. List all the ways of saying good-bye that are in this poem.

   adios

   Hasta la vista

   Hasta luego

   Hasta muy pronto

   vamos

Nombre _Jordan Livingston_

Fecha _9/22/97_

¡DIME! UNO

UNIDAD 1
LECCIÓN 2

¡A ESCUCHAR!

A **Con mucho gusto.** It is the first day of school. Listen to the following introductions and tell whether the speakers are introducing themselves or another person. Mark column **A** if the speaker is introducing himself or herself and column **B** if another person is being introduced.

MODELO You hear: *Quiero presentarte a Lucía.*
You mark: ☒ **B**

	A	B
1.	☑	☐
2.	☐	☑
3.	☑	☐
4.	☐	☑
5.	☐	☑
6.	☑	☐
7.	☑	☐

B **Encantado.** At a back-to-school party, you overhear a lot of introductions. Mark **adulto** if the speaker is talking to an adult and **estudiante** if the speaker is talking to a student.

	adulto	estudiante
1.	☑	☐
2.	☑	☐
3.	☐	☑
4.	☑	☐
5.	☐	☑
6.	☐	☑
7.	☐	☑
8.	☑	☐
9.	☐	☑
10.	☑	☐

© D.C. Heath and Company

Cuaderno de actividades 25

C **Es un placer.** It's the first football game of the season at Montebello High School, and people are getting to know each other. Listen to what they say and circle the letter of the correct response.

MODELO   You hear: *Es un placer.*
You see: **a.** Buenas noches.   **b.** El gusto es mío.
You circle: (**b.**) **El gusto es mío.**

1. **a.** Muy bien, gracias.   (**b.**) Soy de Colombia.

2. (**a.**) Encantado.   **b.** Muchas gracias.

3. **a.** ¿Cómo estás?   (**b.**) Es un placer.

4. (**a.**) Soy Hugo Vega.   **b.** Es mi amigo Juan.

5. (**a.**) Es de Puerto Rico.   **b.** Soy de Cuba.

6. **a.** Es la señora Verani.   (**b.**) Es Pablo.

7. (**a.**) Sí, soy de Lima.   **b.** Sí, eres de Perú.

8. (**a.**) Muy bien, gracias.   **b.** Soy Marta Torres.

CH **¿Es de Sudamérica?** You are attending a reception for international students in your community. Can you tell whether the students being introduced are from South America or not?

MODELO   You hear: *Hola. Soy Yolanda. Soy de Costa Rica.*
You mark: **No es de Sudamérica.**

	Es de Sudamérica.	No es de Sudamérica.
1.	☐	☑
2.	☐	☑
3.	☑	☐
4.	☑	☐
5.	☐	☑
6.	☑	☐
7.	☐	☑
8.	☐	☑
9.	☑	☐

D **¿De dónde eres?** Listen as these South American exchange students introduce themselves and tell what country they are from. Write their country of origin.

MODELO You hear: *Soy Elena. Soy de Asunción.*
You write: Elena es de **Paraguay.**

1. Felipe es de *Uraguay* .

2. Martín es de *Columbia* .

3. Alicia es de *Bolivia* .

4. Anita es de *Chile* .

5. Samuel es de *Ecuador* .

6. Paula es de *argentina* .

7. Juan es de *Venezuela* .

8. María es de *Peru* .

E **Soy de Sudamérica.** You are present at a gathering of international students. Can you locate the country they are from on the maps below? Write the corresponding number in the blank next to the appropriate country.

MODELO You hear: *Número 1. Hola. Soy Isabel.*
Soy de Venezuela.

You write: **"1" next to Venezuela**

© D.C. Heath and Company

F **Una nueva amiga.** Before you listen to this conversation between Juan, Sofía, and Inés, read the five statements below. After you listen to the conversation, circle **C (cierto)** if a statement is true or **F (falso)** if it is false. Then listen to the conversation again to verify your answers.

C   F   **1.** La nueva estudiante se llama Inés.

C   F   **2.** Juan es amigo de Sofía.

C   (F)   **3.** Juan es de Centroamérica.

(C)   F   **4.** Inés es de Sudamérica.

C   (F)   **5.** Inés es de Quito.

Pronunciación y ortografía

Énfasis

G All Spanish words have one stressed syllable, and this stressed syllable may or may not have a written accent. Listen as the speaker pronounces the following words. Note the stressed syllable, which appears in bold type.

hola	a**mi**go	espa**ñol**
mucho	bo**lí**grafo	pa**pá**
eres	estu**dian**te	direc**tor**

H Now repeat the words in the exercise above after the speaker. Take care to stress each syllable in bold type. Each word will be said twice.

I Now as you listen to the following words, underline the stressed syllable. Each word will be said twice.

1. Chi-le

2. pro-fe-so-ra

3. per-dón

4. en-can-ta-do

5. es-cue-la

6. Pe-rú

7. E-cua-dor

8. par-te

9. ca-pi-tal

10. i-gual-men-te

Nombre _Jordan Livingston_

Fecha _9/16/97_

¡DIME! UNO

UNIDAD 1
LECCIÓN 2

¡A ESCRIBIR!

A **Mucho gusto.** Complete these introductions with the appropriate words or phrases.

1. Daniel, quiero _presentarle_ a Cecilia Pérez.

Hola

Hola mucho gusto

2. Andrea es de Chile.

Encantada

3. Sr. Rivas, _quiero presentarle_ Yolanda Lláñez.

4. ¿ No vas a _presentarle_

quiero presentarle a Alicia.

mucho gusto

B **Quiero presentarte.** You are responsible for introducing new students to teachers and other students. Complete these conversations introducing Antonio, a new student from Bolivia.

1. YOU Señora Lee, quiero _presentarle_ al nuevo

   estudiante. _es_ Antonio.

   ANTONIO _Encantado_

   SRA. LEE _mush gusto_

2. YOU José, quiero _presentarte_ al nuevo estudiante de Bolivia.

   JOSÉ _mush gusto_   _como te llama_

   ANTONIO _me llama_ Antonio.

3. YOU Ángela, quiero _presentarte_ a Antonio.

   ÁNGELA _hola_   ~~no~~ _de donde eres_

   ANTONIO _____ de Bolivia, de La Paz.

C **¿De dónde eres?** These people are from different Latin American countries. Write questions asking where each person is from and then answer the questions according to the cues.

1. Julia: El Salvador

   ¿De donde eres tu?

   yo viro es en el Salvador

2. Esteban: Chile

   ¿De donde eres tu?

   yo viro es en Chile.

3. Sofía: Ecuador

   ¿De donde eres tu?

   yo viro es en Ecuador.

4. Olga: Costa Rica

   ¿De donde eres tu?

   yo viro es en Costa Rica.

5. el Sr. Cárdenas: Bolivia

   ¿De donde eres tu?

   yo viro es en Bolivia.

6. tú: ¿ . . . ?

   _____

   _____

Nombre _Jordan Livingston_

Fecha _9/19/97_

¡DIME!
UNO
UNIDAD 1
LECCIÓN 2

¡A ESCRIBIR!

CH **¡Así soy yo!** Write a brief introduction of yourself. Tell your name and where you are from.

Me llamo Jordan. Vivo en Tiburon.

D **¡Es Luisa!** When Ana meets Luisa, a new student at school, she decides to introduce her to several other people. Write the conversations that result from these introductions.

1. Ana introduces herself to Luisa and asks her name. Luisa responds. Ana says she is pleased to meet Luisa, then asks where she is from. Luisa answers.

ANA _Hola_

LUISA _Hola ¿cómo te llamas?_

ANA _Me llamo es Ana._

LUISA _mucho gusto_

2. Now Ana is introducing Luisa to Sr. Romero.

ANA _Hola Sr. Romero. Quiero presentarle Luisa_

SR. ROMERO _Hola Ana. Hola Luisa. como estas._

LUISA _Muy bien, gracias._

3. At the end of the school day Ana introduces Luisa to Marco. Marco says he is pleased to meet her and asks her name.

ANA _Hola Marco. Quiero presentarle Luisa._

MARCO _mucho gusto. como te llamas._

LUISA _Me llamo Luisa. encantada_

Sudamérica. Label the countries in the spaces provided.

venasuela

columbia

Brajil

equador

Peru

Bdivia

Chile

Paraguae

urraguae

argentina

Nombre _jordan Livingston_

Fecha _9/19/97_

¡DIME!
UNO

UNIDAD 1
LECCIÓN 2

¡A ESCRIBIR!

F **México, el Caribe y Centroamérica.** Label the countries in the spaces provided.

Cuba

Puerto Rico

mexico

Guatemala

el Salvador

Honduras

Nicaragua

Costa Rica

Panama

Dominican Republic

¿De dónde son? Each person listed below lives in a Spanish-speaking country. The country's name begins with the same letter as the person's name. Tell where each person is from.

MODELO Carmen   **Carmen es de Cuba.**
        Eliseo Santos   **Eliseo Santos es de El Salvador.**

1. Estela — *Estela es de El Salvador*

2. Pablo — *Pablo es de Puerto Rico*

3. Rosario Domínguez — *Rosario es de Dominican Republic*

4. Héctor — *Hector es de Honduras*

5. Guillermo — *Guillermo es de Guatemala*

6. Marisela — *Marisela es de México*

7. Bárbara — *Barbara es de Brazil*

8. Patricia — *Patricia es de Puerto Rico*

9. Consuelo Ruiz — *Consuelo es de Columbia*

10. Verónica — *Veronica es de Venezuela*

11. Alicia — *Alicia es de Argentina*

12. Carlota — *Carlota es de Cuba.*

13. Nardo — *Nardo es de Nicaragua*

14. Pedro Rosas — *Pedro es de Puerto Rico*

15. Chavi — *Chavi es de Chile*

16. Paula — *Paula es de Paraguay*

17. Úrsula — *Ursula es de Uruguay*

Nombre _Jordan Livingston_

Fecha _9/23/97_

¡DIME! UNO

UNIDAD 1
LECCIÓN 2

VOCABULARIO PERSONAL

The **Vocabulario personal** helps you organize the new words in each lesson. You will use these lists as a self-check to prepare for quizzes and tests, so make sure you check spelling carefully. You may also want to have a classmate check your list for accuracy.

"Active" vocabulary is the language you **must** know in order to do the activities of the lesson. "Passive" vocabulary is language you should be able to *understand* when you hear it or see it in writing. You may want to use a highlighter to identify "active" words and phrases.

Compare your lists to those provided in the margin boxes in your textbook and in *¿Por qué se dice así?* (For example, see **Lección uno**, p. 25 and *¿Por qué se dice así?* pp. G4–G8; and *Introducing yourself, Introducing someone,* and *Responding to introductions* on page 36.) It is not necessary to enter every form of a word (verb, adjective, etc.) but you should list forms you have difficulty remembering.

In this lesson you learned the South American countries and their capitals; nationalities; how to make introductions and respond to them; and how to say where someone is from.

Presentaciones

Introducing yourself:

me llamo es jordan.

_____

_____   _____

Asking someone's name:

como se llamas

_____

_____   _____

Introducing someone to an adult: to someone your own age:

Quiero Presentarle   _Quiero Presentarle_

_____   _____

Respuestas

Responses to introductions:

_____   _____
_____   _____

Sudamérica: Países y capitales

Argentina - Buenos aires   Venezuela - Caracas
Bolivia - Sucre, La Paz   Costa Rica - San Jose
Brazil - Brazilia   Cuba - Havana
Chile - Santiago   Dominican Rep - Santo Domingo
Colombia - Bogota   El Salvador - San Salvador
Ecuador - Quito   Guatemala - Guatemala City
Guyana - Georgetown   Honduras - Tegucigalpa
Paraguay - Asuncion   Mexico - Mexico City
Peru - Lima   Nicaragua - Managua
Uraguay - Montevideo

Palabras interrogativas

Que   Como
Quien   Donde

Palabras y expresiones

Mucho Gusto
Encantado
De donde Eres
Come te llamas

Antes de empezar

1. How many different ways do you know to introduce someone in English? List them.

   This is ...   _This is my friend_

   I'd like you to meet...

   Let me introduce you to...

2. How many different ways to introduce someone have you learned in Spanish? List them.

   Quiero Presentarle

   Quiero Presentarte

LECTURA

Is the **burro** really smarter than you? Read this rhyme and then answer the questions.

A E I O U
El burro sabe más que tú.
Me llamo Carolina.
¿Cómo te llamas tú?

Verifiquemos

1. How many vowels are there in Spanish? _5_

2. Write the number of times each vowel appears in this rhyme.

   _8_ A   _6_ E   _2_ I   _6_ O   _5_ U

3. How would you change the rhyme if you were saying it?

   Say your name in place of Carolina's.

4. Say the rhyme to four of your classmates and write their names when they respond to the question at the end.

   1. _____

   2. _____

   3. _____

   4. _____

5. Why do you think that this is one of the first rhymes that a Spanish-speaking child is taught?

   So they can learn about vowels.

   _____

   _____

   _____

A **¿Quién es?** You hear Isabel talking about her friends, Marta and Rodrigo.
Indicate whether each statement refers to **Marta, Rodrigo,** or either one.
Mark the appropriate column.

MODELO You hear: *Es muy interesante.*
        You mark: ☒ **Marta o Rodrigo**

	Marta	*Rodrigo*	*Marta o Rodrigo*
1.	☑	☐	☐
2.	☑	☐	☐
3.	☐	☐	☑
4.	☐	☑	☐
5.	☑	☐	☐
6.	☐	☑	☐
7.	☑	☐	☐
8.	☐	☑	☐
9.	☐	☐	☑
10.	☐	☐	☑

B **Melodrama.** Can you tell who played a certain role in the school play?
Listen to the description of each character and write the name of the
person being described.

Oscar   **1.** el héroe   _Daniel_   **4.** un chico

alicia   **2.** la heroína   _Sofía_   **5.** la mamá de la
                                                             heroína

Tomás   **3.** el villano

Tomás   Daniel   Óscar   Estela   Alicia   Sofía

La profesora ideal. Listen to this description of a teacher in another school. The description will be given twice. As you listen, circle **sí** for each characteristic the teacher possesses and **no** for each one that she doesn't possess.

1. inteligente   (sí)   no
2. simpática   (sí)   no
3. organizada   (sí)   no
4. tímida   sí   (no)
5. nerviosa   sí   (no)
6. exigente   (sí)   no
7. interesante   (sí)   no
8. aburrida   sí   (no)
   boaring

Descripciones. You are working as a police artist. Take notes as you listen to these two descriptions, then draw pictures to match what you hear. You will hear each description twice.

1. **Persona número uno**

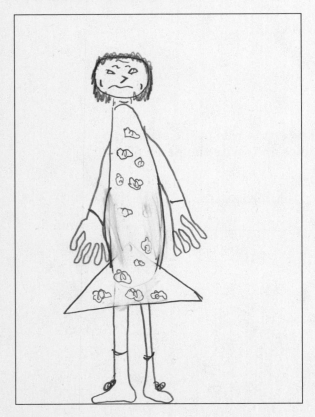

2. **Persona número dos**

D **Programa internacional.** First read the answer choices below. Then listen to this international broadcast of a program that helps people find pen pals. Circle the letter of the word or phrase that best completes each statement. You will hear the announcement only once.

1. Marcos is…
    a. describing his friend.
    b. introducing himself.
    c. describing his new school.

2. Marcos is from…
    a. Venezuela.
    b. Bolivia.
    c. Colombia.

3. Marcos is…
    a. tall.
    b. of medium height.
    c. short.

4. Marcos is…
    a. shy.
    b. fun.
    c. smart.

5. Marcos likes…
    a. sports.
    b. history.
    c. English.

6. Marcos wants to correspond with…
    a. a girl from the United States.
    b. young people from South America.
    c. an English-speaking boy.

Pronunciación y ortografía

El abecedario

E The Spanish alphabet has 30 letters. Listen to the names of the letters and repeat them after the speaker.

a	*a*	n	*ene*
b	*be* (*be* grande, *be* larga, *be* de burro)	ñ	*eñe*
		o	*o*
c	*ce*	p	*pe*
ch	*che*	q	*cu*
d	*de*	r	*ere*
e	*e*	rr	*erre*
f	*efe*	s	*ese*
g	*ge*	t	*te*
h	*hache*	u	*u*
i	*i*	v	*ve, uve* (*ve* chica, *ve* corta, *ve* de vaca)
j	*jota*		
k	*ka*	w	*doble ve, doble uve*
l	*ele*	x	*equis*
ll	*elle*	y	*i griega, ye*
m	*eme*	z	*zeta*

1. Note that the letters **ch**, **ll**, **ñ,** and **rr** are considered single letters in the Spanish alphabet and are alphabetized separately in lists. This is important to remember when looking up words in a dictionary or names in a telephone directory. Now repeat these groups of words, which are alphabetized correctly, after the speaker.

Colombia	literatura	pero	unión
chica	luego	Perú	u**ñ**a
delgado	**ll**ama	pe**rr**ito	urgente
	mamá	pe**rr**o	

2. The letters **k** and **w** are found only in words borrowed from other languages. Repeat these words after the speaker.

   karate   **k**ilo   **k**ilómetro   **W**ashington

3. The letter **h** is silent. It is never pronounced. Now repeat these words after the speaker.

   historia   **H**onduras   **h**otel

F As you listen to the tape, circle each letter whose name you hear. Each letter will be said twice.

1.	ⓘ	e		**7.**	ll	ⓛ	
2.	h	ⓖ		**8.**	ⓢ	c	
3.	r	ⓡⓡ		**9.**	ⓠ	k	
4.	ⓙ	y		**10.**	ⓝ	ñ	
5.	ⓔ	a		**11.**	h	ⓒⓗ	
6.	ch	ⓗ		**12.**	ⓥ	w	

G Repeat each word after the speaker. Then write the words in alphabetical order as they would appear in a Spanish dictionary.

lobo	coche	niña	llama	señora
noche	día	inglés	ninguno	chocolate

1. _coche_
2. _chocolate_
3. _día_
4. _inglés_
5. _lobo_

6. _llama_
7. _ninguno_
8. _niña_
9. _noche_
10. _señora_

Enfoque: y → e, o → u

A spelling change sometimes occurs with the Spanish words **y** *(and)* and **o** *(or)*:

- **y** becomes **e** when it comes before words beginning with **i** or **hi**.
- **o** becomes **u** before words beginning with **o** or **ho.**

Listen to each sentence and repeat it after the speaker.

Sonia es bonita **e** inteligente.
Es profesor de español **e** historia.

¿Es desorganizado **u** organizado?
¿Es Ernesto **u** Horacio?

H As the speaker says each pair of words, mark the appropriate box to indicate if you are hearing **y, e, o,** or **u** between the two words. Each phrase will be said twice.

	y	*e*	*o*	*u*
1.	☐	☑	☐	☐
2.	☐	☐	☐	☑
3.	☑	☐	☐	☐
4.	☐	☐	☑	☐
5.	☐	☑	☐	☐
6.	☐	☐	☑	☐
7.	☐	☑	☐	☐
8.	☐	☐	☐	☑

I Now listen to each phrase, then repeat it, reversing the order of the two words.

MODELO You hear: *María e Isabel*
         You say: **Isabel y María**

1. Gloria y Olga

2. nueve u ocho

3. inteligente y hermosa

4. órgano o guitarra

5. biología e historia

6. Homero o Carlos

7. español e inglés

8. doce u once

A **Opuestos.** In the frames provided, draw something to illustrate the words below. Then write a sentence using each word to say something about your drawing.

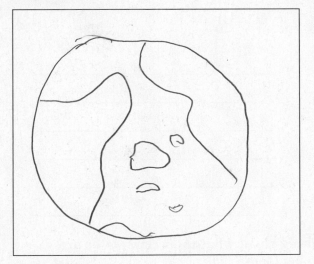

1. grande

Earth es muy grande!

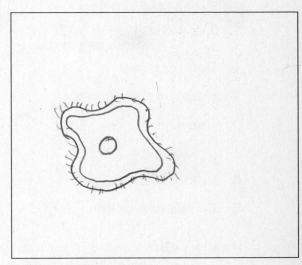

2. pequeño

El ameoba es muy pequeño

3. inteligente

El profesor es muy inteligente

4. tonto

El estudiante es tont

B **Golfo y Canela.** Golfo and Canela are two dogs that are total opposites. Describe them.

Canela

Golfo

MODELO   *Golfo es delgado.*
Canela es gorda.

1. Golfo es bonito.

2. Canela es inteligente.

3. Canela es gorda.

4. Golfo es alto.

5. Golfo es extrovertido.

6. Canela es nerviosa.

Canela es fea

Golfo es tonto

Golfo es delgado

Canela es baja

Canela es tímida

Golfo es tranquilo

C **Juan es alto.** Several friends are talking about what their classmates are like. Write a sentence describing each person.

MODELO   *Juan / alto / guapo*
Juan es alto y guapo.

1. Gloria / delgado / atlético

Gloria es delgada y atlética

2. Rafael / tímido / nervioso

Rafael es tímido y nervioso

3. Antonio / rubio / guapo

Antonio es rubio y guapo

4. tú / inteligente / organizado

tú eres inteligente y organizado

5. Susana / pelirrojo / popular

Susana es pelirroja y popular

6. David / generoso / cómico

David es generoso es cómico

7. Luisa / precioso

Luisa es preciosa

8. Yo / ¿....?

yo es inteligente

Nombre _Jordan Livingston_

Fecha _9/29/97_

¡DIME! UNO

UNIDAD **1**
LECCIÓN **3**

¡A ESCRIBIR!

CH ¿**Es rubia o morena?** Write a sentence describing each of these people. Point out that they clearly have neither one trait nor the other.

MODELO *Patricia: rubio / moreno*
Patricia no es ni rubia ni morena.

1. Claudio: pelirrojo / moreno

   Claudio no es ni pelirrojo ni moreno

2. Sofía: tímido / extrovertido

   Sofía no es tímida ni extrovertida

3. Julio: guapo / feo

   Julio no es ni guapo ni feo

4. Sergio: organizado / desorganizado

   Sergio no es ni organizado ni desorganizado

5. Anita: cómico / serio

   Anita no es ni cómica ni seria

6. Margarita: alto / bajo

   Margarita no es alta ni baja

7. Tomás: delgado / gordo

   Tomás no es ni delgado ni gordo

8. Belita: tonto / inteligente

   Belita no es ni tonta ni inteligente

D **Es inteligente.** Lupe is describing her friends. Write a sentence or two describing each of these people.

1. Carmen _es muy intelligente._
   _____

2. Pirata _es muy tonts_
   _____

3. Ana _es baja pequeña_
   _____

4. Carlos _es popular y_
   athletica

5. Jaime _es alto y muy_
   intelligente

6. Angela _es popular y_
   pequeña.

E **Yo.** To become a member of your school's Student Ambassador Club you must submit a 5-8 sentence written description of yourself. Be sure to include your name, where you are from and your best physical and personality characteristics.

Me llamo es Jordan Livingston. Yo vivo
en Tiburon California. Tiburon es muy mal.
Yo es muy intelligente y extravertido. Yo me
gusta el perros. Yo es organizado y comico.
_____
_____
_____
_____
_____
_____
_____

F **¡Profesores sobresalientes!** Nominate three teachers from your school for a special award and dinner with the President. Name and describe each teacher in 3-5 sentences.

1. Mr. Goldmith es muy intelligente y sus classes son muy populares. El no es disorganizado, ni es tranquilo. El es comico también.

2. Mrs. Waldorf es muy extrovertido y generoso. Ella es comico. Ella es disorganizado, ni es intelligente también.

3. Mr. Lee, proffesoro de sciencias es bajo, timido, y modesto. Ella es muy, muy intelligente. Ellas es muy estudioso y organizado.

Nombre _Jordan Livingston_

Fecha _9/30/97_

¡DIME! UNO

UNIDAD **1**
LECCIÓN **3**

VOCABULARIO PERSONAL

As you progress through **¡DIME!,** your ability to communicate in Spanish will grow tremendously. After you finish a lesson, move the **Vocabulario personal** pages from your **Cuaderno** into a separate folder or section of your binder so you can refer to them as you study for quizzes and exams.

If you understand each entry and can use it in appropriate situations, you are probably prepared to do well on the test. If you can't, you will know which parts of the lessons you need to study. Since you have kept your lists by lesson and unit, you will know exactly where to go in the text pages or *¿Por qué se dice así?* for additional practice.

If you find, in reviewing, that certain words and expressions are difficult to remember, you may want to use a colored highlighter to signal them for extra attention. It may also be helpful to illustrate the meaning of the word with a simple drawing. You will not usually need to use English translations in your lists.

After a quiz or test, circle or highlight items in your lists where your spelling was incorrect or your usage was inappropriate. This will help you know that you need to review and practice these items again.

In this lesson you have learned how to describe personality traits, physical characteristics, and more. Complete the following categories with the new Spanish words and phrases you learned.

Descripción de personalidad

cómico

elegante

estudioso

extrovertido

generoso

intelligente

modesto

nervioso

organizado

romántico

tímido

tranquilo

disorganizado

excelente

honesto

popular

precioso

tonto

Descripción física

popular
alto
bajo
feo
tonto
guapo
gordo
atlético
rubio
moreno
delgado
bonito
elegante
fuerte

grande
mediano
rubio
pelirrojo

Palabras y expresiones

¿no?
¿Ver Dad?
¿Por que se dice así?
también
al contrario
ni ni

A **Capitales.** In the grid below write the name of the capital of the country.

Cuba
La Havana
7

Uruguay
montevideo
13   15

Costa Rica
san Jose
9

Argentina
buehos Aires
3   6

Paraguay
Asuncion
11

Ecuador
quito
8

Nicaragua
managua
5

Venezuela
caracas
12

Chile
Santiago
10

Honduras
Tegucigalpa
2   14

Perú
Lima
1

Colombia
Bagota
4

Now write the names of some subjects that you study by filling in the letters represented by the numbers.

L e n g u a
1 2 3 4 5 6

H i s t o r i a
7 8 9 10 11 12 8 6

m a t e m a t i c a s
13 6 10 2 13 6 10 8 14 6 9

d r a m a
15 12 6 13 6

Es alta. Bárbara was very tired when she wrote this letter to her grandmother describing her new friends. Some of her words are scrambled. In order to read her letter, unscramble the words and write them in the blanks below.

Querida abuela,

La escuela es muy _etnaseretni_. Tengo muchos amigos. Margarita es _anerom_, _atla_ y _atinob_. Es _acitápmis_ y _asoreneg_ también. Consuelo es _adagled_, _ajorrilep_ y _anaidem_. Es _adimít_ pero muy _ralupop_. Es muy _asoidutse_.

Pablo es _ocitélta_ y muy _etreuf_. Es _ojab_ y muy _opaug_. Carlos es _oibur_ y _otla_. Es un poco _odazinagrosed_, pero es muy _ocimóc_.

Un abrazo de
Bárbara

Querida abuela,

La escuela es muy ___interesante___. Tengo muchos amigos.
Margarita es ___morena___, ___alta___ y
___bonita___. Es ___simpática___ y
___generosa___ también. Consuelo es
___delgado___, ___pelliroja___ y
___mediana___. Es ___timida___ pero muy
___popular___. Es muy ___estudiosa___.
   Pablo es ___atlética___ y muy ___fuerte___.
Es ___bajo___ y muy ___guapo___.
Carlos es ___rubio___ y ___alto___. Es un
poco ___desorganizado___, pero es muy ___comica___.

Un abrazo de
Bárbara

Nombre _Jordan Livingston_

Fecha _10/07/97_

¡DIME! UNO

UNIDAD 2
LECCIÓN 1

¡A ESCUCHAR!

A **¡Una fiesta!** You and a friend are planning a party. Write down the telephone numbers of the people you want to invite as your friend reads them to you.

MODELO You hear: *cinco, cinco, cinco, uno, dos, uno, dos*

You write: | 5 | 5 | 5 | — | 1 | 2 | 1 | 2 |

1. | 7 | 8 | 5 | — | 2 | 0 | 8 | 4 |

2. | 6 | 1 | 1 | — | 0 | 9 | 7 | 2 |

3. | 4 | 9 | 3 | — | 4 | 6 | 4 | 3 |

 ¿Y tu teléfono? You have been asked to call several new exchange students but you do not have complete telephone numbers. Listen as the phone numbers are read, then fill in the missing digits from each person's number.

1. El número de Nora es el | 6 | 2 | 8 | — | 1 | 8 | 1 | 4 |

2. El número de Pablo es el | 4 | 1 | 1 | — | 1 | 0 | 2 | 6 |

3. El número de Susana es el | 9 | 2 | 7 | — | 1 | 5 | 0 | 2 |

4. El número de Roberto es el | 3 | 1 | 4 | — | 1 | 6 | 1 | 9 |

5. El número de Victoria es el | 7 | 2 | 1 | — | 0 | 8 | 1 | 2 |

6. El número de Mateo es el | 5 | 1 | 3 | — | 2 | 2 | 3 | 0 |

C **¿La hora?** You forgot your watch today, so you ask different people for the time. What do they say? Indicate the time on the watch faces.

1. 9:00

2. 10:15

3. 12:20

4. 1:25

5. 1:45

6. 4:50

CH **¿Cuándo?** You hear one side of several conversations. Which question–**¿Qué hora?** or **¿A qué hora?**–is being answered? Mark the appropriate box.

La hora es

	¿Qué hora?	¿A qué hora?
1.	☐	☑
2.	☑	☐
3.	☐	☑
4.	☑	☐
5.	☐	☑
6.	☐	☑

D **¿Tu horario?** Sofía is reading her schedule to you over the phone. Fill in the blanks in her schedule.

HORARIO DE CLASES				
Hora	**Materia**	**Días**	**Profesor**	**Sala**
9:00	Álgebra	l m v	Sr. Almeida	13
9:00	Computación	m v	Sra. Ruiz	30
10:15	Historia	l m m j v	Srta. Santana	17
11:15	Inglés	l m v	Srta. Rivera	12
12:30	Ciencias naturales	l m m j v	Sra. Guzmán	29
1:30	Almuerzo –lunch	l m m j v		
2:30	Spanish	l m m j v	Sra. Ortega	7

a la misma hora – at the same time
despues –after

Nombre *Jordan Livingston*

Fecha *10/22/97*

¡DIME! UNO

UNIDAD 2
LECCIÓN 1

¡A ESCUCHAR!

E   **Mi horario.** Your new friend Paco wants to know about your schedule. Write short answers to his questions.

1. *Son las doce y viente*

2. *en la sal una séisntaysiete*

3. *La Sra. Portocarrero*

4. *lunes, martes, miércoles, y viernes son las doce y viente*

5. *doce menos diez*

Pronunciación y ortografía

Las letras y, l, ll, n, ñ

F   In Unit 1 you learned that when **y** means *and* or comes at the end of a syllable, it is pronounced like **i.** At the beginning of a word or between vowels it has a stronger sound. There are several widely accepted pronunciations of this sound. Listen to two speakers. One pronounces the **y** like the *y* in the English *yes.* The other pronounces it somewhat like the *j* in *joy.* Then listen again and repeat each word after the speakers.

y	muy	**ya**	va**ya**
ho**y**	so**y**	**ya**te	ma**y**o

G   In most parts of the Spanish-speaking world, the letter **ll** is pronounced like the stronger sound of **y.** Listen to the sound of **ll** in the following words, which are pronounced with the same variations you heard in the previous exercise. Then listen again and repeat each word after the speakers.

llama	a**ll**í	caste**ll**ano	be**ll**eza
llegar	e**ll**a	pasi**ll**o	bachi**ll**erato

H   The letter **l** has a different sound from the **ll.** The sound of **l** is similar to the English *l.* Listen to the following words with the letter **l.** Then repeat them when the speaker reads the list again.

baile	elegante	tele	atlético
colegio	salir	inteligente	igualmente

I   Now listen to the following words and indicate whether each contains the letter **l** or the letter **ll**. Mark the appropriate box.

	l	*ll*			*l*	*ll*
1.	☐	☑		**7.**	☑	☐
2.	☑	☐		**8.**	☑	☐
3.	☐	☑		**9.**	☐	☑
4.	☑	☐		**10.**	☑	☐
5.	☑	☐		**11.**	☐	☑
6.	☐	☑		**12.**	☐	☑

J   The letter **ñ** has a distinct sound that differs from the pronunciation of the letter **n**. Listen to the following words that contain the letter **ñ**. Then repeat them when the speaker reads the list again.

baño   español   año   señora   mañana

K   Listen to the following words that contain the letter **n**. Then repeat them when the speakers reads the list again.

bueno   tener   oficina   americano   moreno

L   Now listen to the following words and indicate whether each contains the letter **n** or the letter **ñ**. Mark the appropriate box.

	n	*ñ*			*n*	*ñ*
1.	☐	☑		**7.**	☑	☑
2.	☐	☑		**8.**	☑	☐
3.	☑	☐		**9.**	☑	☐
4.	☐	☑		**10.**	☐	☑
5.	☑	☐		**11.**	☑	☐
6.	☑	☑		**12.**	☑	☐

¡A ESCRIBIR!

A **¿Cuál es el número de . . . ?** Scan this section of a telephone directory. Then write what you would say if someone asked you for the phone numbers of the persons listed below.

MODELO *Castro Arias Eva-Sta Cruz 16-1 ZP 14*   *312-2115*

You write: **El número de Eva Castro Arias es el tres, uno, dos, dos, uno, uno, cinco.**

Castrejón y Yáñez Carlos-Virgen de Dolores 80 ZPEM	530-2514
Castrellón Juanita S. de-Estaño 217 ZP 9	618-0413
Castresana Burgos Mario-Galeana 7 ZP 23	327-2229
Castrillón Leonor de-Portillo 65-2 ZP 22	216-1710
Castro Víctor Manuel-Michoacán 16 ZP 21	212-0928

1. El número de Castrejón y Yáñez Carlos - Virgen de Dolores es el cinco, tres, cero, dos, cinco, uno, cuatro.

2. El número de Juanita S. de Estaño es el seis, uno, ocho, cero, cuatro, uno, tres.

3. El número de Mario Burgos es el tres, dos, siete, dos, dos, dos, nueve.

4. El número de Portillo Leanor es el dos, uno, seis, uno, siete, uno, cero

5. El número de Manuel Víctor es dos, uno, dos, cero, nueve, dos, ocho

B **Dígitos en pares.** Phone numbers are easier to remember and say if you read them as two-digit numbers beginning with the second digit as in the model. Write the other numbers from above the same way.

MODELO *Castro Arias Eva-Sta Cruz 16-1 ZP 14*   *312-2115*

You write: **tres, doce, veintiuno, quince.**

1. cinco, treinta, veinte y cinco, catorce

2. seis, dieciocho cero y cuatro, diecitrés

3. tres, veinte y siete, veinte y dos, veinte y nueve

4. dos, dieciséis, diecisiete, diez

5. dos, diecidós, cero y nueve, veinte y ocho

C **Hay dos mapas.** You are helping the principal of your school take an inventory of the supply room. What do you tell her when she asks you how many of the following items there are?

MODELO You write:

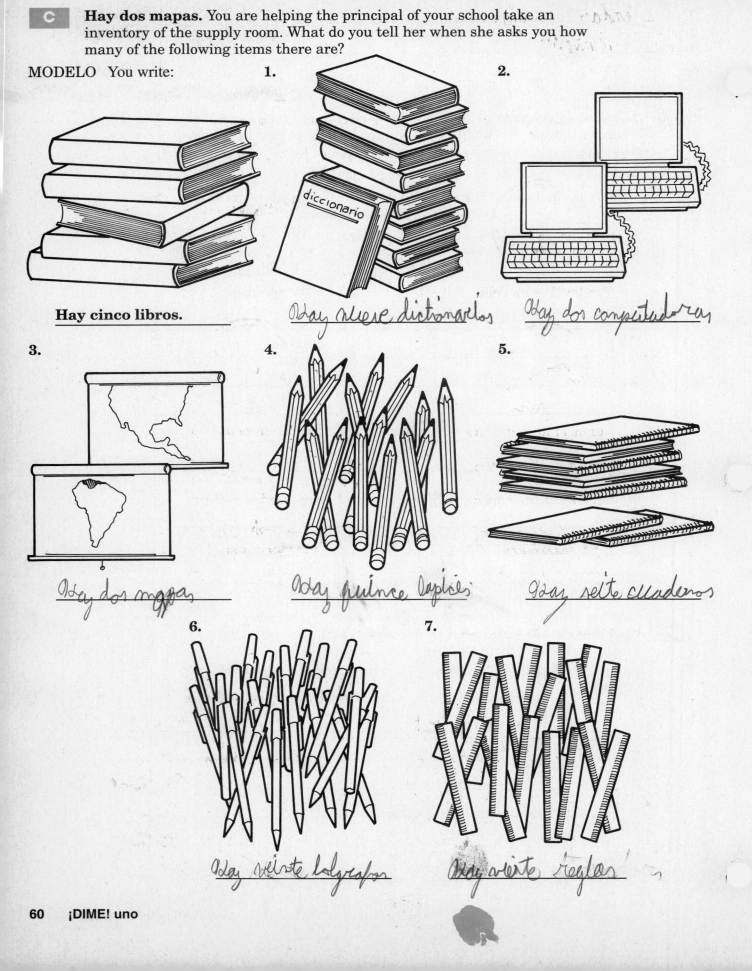

Hay cinco libros.

1. Hay nueve diccionarios

2. Hay dos computadoras

3. Hay dos mapas

4. Hay quince lápices

5. Hay siete cuadernos

6. Hay veinte bolígrafos

7. Hay veinte reglas

⟹ *clock*

CH **Los relojes.** Pablo has a new job in a jewelry shop. Today he has to set all of the clocks and watches. Draw the hands on each clock and write numbers on the digital watches to illustrate how he will set each one.

1. Son las tres y media.

2. Es la una menos cinco.

3. Son las nueve y veinte.

4. Son las doce menos cuarto.

5. Son las cuatro y diez.

6. Son las diez y cinco.

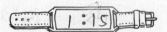

7. Es la una y cuarto.

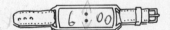

8. Son las seis.

D **Mi horario.** Write your class schedule for Monday.

Hora	Clase	Profesor(a)
ocho y diez	inglés	Sr. Young
ocho	español	Sra. Portocarrero
nueve menos cinco	arte	Sra. Meadows
diez y cuarto	historia	Sra. Ideldorf
once y diez	sciencias	Sra. Lee
una menos veinte	matematicas	Sra. Ostler
dos menos veinte cinco	ple	Sr. Dilley

a/se Calendar

¿Qué día? Sofía and Gloria are discussing dates for a party. Using this calendar, write the day of the week for each date given.

1. el nueve de agosto _domingo_
2. el veinte de agosto _jueves_
3. el veintiséis de agosto _miércoles_
4. el tres de agosto _lunes_
5. el veintinueve de agosto _sábado_
6. el dieciocho de agosto _martes_
7. el catorce de agosto _viernes_

agosto						
l	m	m	j	v	s	d
					1	2
3	4	5	6	7	8	9
10	11	12	13	14	15	16
17	18	19	20	21	22	23
24	25	26	27	28	29	30
31						

F   **Es la una de la tarde.** Sr. Solano makes business calls every day at 1:00 P.M. from his office in San Antonio. Tell what time it is in each city that he calls.

MODELO   *Nueva York, Nueva York (+1)*
You write: **Son las dos de la tarde.**

1. Boston, Massachusetts (+1)
   Son las dos de la tarde

2. Anchorage, Alaska (–3)
   Son las diez de la mañana

3. Madrid, España (+7)
   Son las ocho de la noche.

4. Buenos Aires, Argentina (+3)
   Son las cuatro de la tarde

5. Quito, Ecuador (+1)
   Son las dos de la tarde

6. Londres, Inglaterra (+6)
   Son las siete de la noche

7. San Francisco, California (–2)
   Son las once de la mañana

8. Caracas, Venezuela (+2)
   Son las tres de la tarde

9. Santa Fe, Nuevo México (–1)
   Son las doce de la tarde

10. Honolulu, Hawaii (–4)
    Son las nueve de la mañana

© D.C. Heath and Company

G **Clases.** During the first weeks of school, you need to be able to discuss your classes with other students. Fill out the columns below to be sure you can ask and answer questions about your schedule.

What would you ask a friend if you wanted to know what classes your friend has every day of the week?

How would you answer someone who asks you what classes you have each day of the week?

1. ¿Qué clases tienes los lunes?

2. ¿Que clases tienes los martes?

3. ¿Que clases tienes los meircoles?

4. ¿Que clases tienes los jueves?

5. ¿Que classes tienes los vebrnes?

6. ¿Que clases tienes los sabados?

7. ¿Que classes tienes los domingos?

1. Los lunes tengo ... Español, arte, Historia, Sciencias, matematicas, English, y PE

2. Los martes tengo English, arte, Historia, Sciencias, Matematicas, English, y PE

3. Los meircoles tengo, Español, Historia, matematicas, P.E.

4. Los _____ tengo arte, Sciencias, y Engles

5. Los vebrnes tengo Español, arte, Historia, Sciencias, Matematicas, Engles, y P.E.

6.

7.

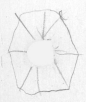

H **¿Por la mañana o por la tarde?** Write the answer to the following questions about your morning and afternoon schedule.

MODELO   *¿Cuándo tienes inglés, por la mañana o por la tarde?*
Tengo inglés a las diez de la mañana.
Tengo inglés por la mañana. o No tengo inglés.

1. ¿Cuándo tienes educación física? Tengo educación física a las dos y media de la tarde.

2. ¿Cuándo tienes matemáticas? Tengo matemáticas a las uno menos viente de la tarde.

3. ¿Cuándo tienes historia? Tengo historia a las diez y cince de la mañana

4. ¿Cuándo tienes computación? No tengo conputación.

5. ¿Cuándo tienes álgebra? No tengo algebra. Pero la classe de geometría uno menos viente de la tarde.

I **Entrevista.** As a school newspaper reporter, you are assigned to interview a new student. In the left column, prepare the questions you will ask. In the right column, write the new student's answers.

Preguntas

Nombre: ¿Cómo se llama?

Origen: ¿De dónde eres?

Clases: ¿Que clases tienes?

Clase(s) favorita(s): ¿Que es tu clase favorita.

Otra información: ¿Cómo estas?

Respuestas

Me nombre es Dirb.

Soy de Los Angeles

Tengo español, artes, historia sciencias, matematicas, Engles, y educacion física. español!

muy bien.

Nombre _Jordan Livingston_

Fecha _10/15/97_

In this lesson you learned the numbers from 0-30, expressions used to tell time, days of the week, names of school subjects, and more. Complete the categories with the new words and phrases you have learned.

La hora

media noche
medio día

de la mañana

de la tarde

de la noche

a la...

son las...

es a las...

a la misma hora

después

a que hora es

que hora es

a las

es la

por la mañana

por la tarde

por la noche

y quatro, y media

Clases

hora de estudio

español

computación

arte

aditoría

ciencias (naturales)

matemáticas

inglés

educación física

ciencias sociales

geografía

literatura

almuerzo

música

dibujo

En el colegio

computadora

almuerzo

boleta

diccionario

horario

el mapa

el reloj

Días de la semana

lunes

martes

miércoles

jueves

viernes

sábado

domingo

Números 0-30

0 cero	
1 uno	17 diecisiete
2 dos	18 dieciocho
3 tres	19 diecinueve
4 cuatro	20 veinte
5 cinco	21 veintiuno
6 seis	22 veintidós
7 siete	23 veintitrés
8 ocho	24 veinticuatro
9 nueve	25 veinticinco
10 diez	26 veintiséis
11 once	27 veintisiete
12 doce	28 veintiocho
13 trece	29 veintinueve
14 catorce	30 treinta
15 quince	
16 dieci	

Laboratorio de computación

computadora
parlantes
ratón
audífonos
almohadilla
teclado
impresora

Palabras y expresiones

¿Qué clase tienes?
¿Cuándo?
¿Dónde tienes?
pero
la sala
de la mana
de la tarde
de la noche

photo	vídeo
soy	¿cuánd?
las	¡oye!
los	porfín
más	
número	
teléfono	
tú	

Verbos

tienes tengo tienes tiene
donde
cuando

donde tienes
con quien

Nombre _Jordan Livingston_

Fecha _10/22/97_

Antes de empezar

1. What languages are taught at your school?

   Spanish, French, and Latin.

2. Does everyone study a foreign language at your school? Why or why not?

   No. You only need two years of a language.

3. What are some of the elective courses your school offers?

   Various Computer Sciences, art, Photography, Design, Drama, and language.

4. Besides academic subjects, what other courses are taught at your school?

   Driving, Drama, arts.

5. Do you wish your school offered more electives and non-academic courses? If so, which ones?

   No. Most of the courses that I would want to take they already offer.

LECTURA

Read this paragraph to learn about elective courses offered in many Hispanic schools.

Lenguas y cursos técnicos

En las escuelas secundarias, casi todos los estudiantes estudian una lengua extranjera, por ejemplo inglés, francés o alemán. Muchas también enseñan latín y griego. En ciertas escuelas, los estudiantes también tienen que tomar cursos de educación técnica.

INSTITUTO POLITÉCNICO

electricidad	electrónica
artes plásticas	estructuras metálicas
artesanías	decoración del hogar
tejidos	carpintería
economía doméstica	preparación y conservación
taquigrafía	de productos alimenticios
mecanografía	corte y confección
dibujo técnico	cultura de belleza
fotografía	mecánica automotriz

Verifiquemos

1. ¿Qué lenguas extranjeras estudian los jóvenes latinoamericanos en las escuelas secundarias?

   English, French and German.

2. ¿Hay muchos cursos técnicos en las escuelas secundarias latinoamericanas? Nombra diez de estos cursos en inglés.

   Electricity   _Home decoration_
   Electronics
   Metal Structures
   Auto Mechanics
   Technical Drawing
   Carpentry
   Plastic Art
   Mechanics
   Photography

A **¿Quién es?** You will hear a series of statements about the four pictures below. Listen to each description and write the letter of the picture in the appropriate blank.

A.

B.

C.

CH.

1. _U_
2. _A_
3. _CH_
4. _C_
5. _B_
6. _CH_
7. _A_
8. _B_

Sospechosos. You are a police artist and have been asked to draw a picture of two suspects. As you hear the description jot down the appropriate descriptive words. After you hear the description twice, draw both suspects.

altos
delgado
feo
gorda
bonita
rubia

Mi escuela. Alfredo is describing his school. Listen to what he says and circle the smiling face if he makes a favorable statement and the frowning face if his statement is critical.

1. ☺ ☹   5. ☺ ☹

2. ☺ ☹   6. ☺ ☹

3. ☺ ☹   7. ☺ ☹

4. ☺ ☹   8. ☺ ☹

¿Dónde estás? You want to know where your friend Diana is during the school day in case you need to contact her. As Diana tells you her schedule, fill in the one below with the various places she will be. The first item has been done for you.

Mi horario	
8:05	biblioteca
8:55	educación física
9:40	patio
10:00	historia
10:50	química
11:45	almuerzo
12:15	matemáticas
1:05	teatro
1:55	español

© D.C. Heath and Company

Nombre _Jordan Livingston_

Fecha _10/24/97_
¡DIME! UNO

UNIDAD **2**
LECCIÓN **2**

¡A ESCUCHAR!

D   **A las dos y media.** The Spanish teacher needs to know where the members of the Spanish Club are at 2:30 p.m. As you listen to the location of each of the following people, write the letter of the appropriate place in the corresponding blank.

A.

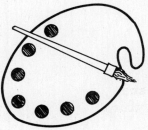

B.

C.

CH.

D.

E.

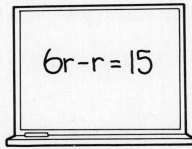

$$6r - r = 15$$

F.

G.

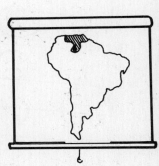

_B_   **1.** Yo

_D_   **2.** Paulina y Samuel

_CH_   **3.** Nosotros

_G_   **4.** Elena

_E_   **5.** Tú

_A_   **6.** Olga

_C_   **7.** Raúl

_F_   **8.** Carlos

Cuaderno de actividades   **71**

© D.C. Heath and Company

E **¿Y mi borrador?** You work as an assistant in the principal's office. Listen as the school secretary tells you to deliver various items to students in different classes. On the memo pads below, write down the pertinent information: each student's name, room number, and item being delivered.

MODELO You hear: *Mario necesita un borrador. Está en la sala 14.*
You write: The information on the memo.

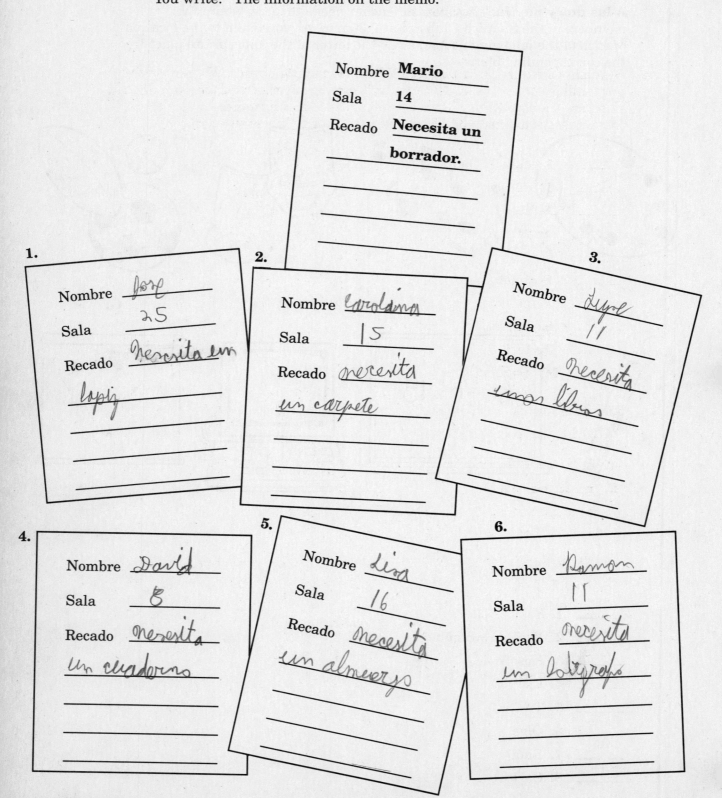

Nombre **Mario**
Sala **14**
Recado **Necesita un borrador.**

1.
Nombre José
Sala 25
Recado Necesita un lapiz

2.
Nombre Carolina
Sala 15
Recado necesita un carpete

3.
Nombre Lupe
Sala 11
Recado necesita unos libros

4.
Nombre David
Sala 8
Recado necesita un cuaderno

5.
Nombre Lisa
Sala 16
Recado necesita un almercy

6.
Nombre Ramon
Sala 11
Recado necesita un boligrafo

Nombre _Jordan Livingston_

Fecha _11/12/97_

¡DIME! UNO

UNIDAD 2
LECCIÓN 2

¡A ESCUCHAR!

Pronunciación y ortografía

La división de palabras en sílabas

F Spanish words divide into syllables following specific rules. When a consonant falls between two vowels, two syllables are formed and they are divided before the consonant. As you listen to the following words, notice how the words are divided and write the number of syllables you hear.

_2_ **1.** casa

_3_ **2.** cómico

_1_ **3.** jugar

_3_ **4.** oficina

_3_ **5.** tímido

_4_ **6.** teléfono

_4_ **7.** pelirrojo

_2_ **8.** noche

_1_ **9.** fácil

_3_ **10.** popular

G Now listen to the following words and then divide them into syllables.

MODELO **m o / ch i / l a**

1. p e q/u e ñ/o

2. m u ch o

3. l á p i z

4. s e ñ o r i t a

5. m a t e m á t i c a s

6. l i t e r a t u r a

7. m o r e n o

8. c a l i f i c a r

9. e ll o s

10. c o rr e r

© D.C. Heath and Company

H Two consonants next to each other in a word are usually divided between two separate syllables. An exception to this rule occurs with the following consonant pairs ending in **r** or **l**. These pairs are never divided into separate syllables.

br	**dr**	**pr**	**bl**	**gl**
cr	**gr**	**tr**	**cl**	**pl**

As you listen to the following words, notice how the words are divided and write the number of syllables you hear.

_____ **1.** hablar

_____ **2.** nosotros

_____ **3.** español

_____ **4.** encantado

_____ **5.** atlético

_____ **6.** carta

_____ **7.** profesor

_____ **8.** práctica

_____ **9.** trabajar

_____ **10.** organizado

I Listen to the speaker pronounce the following words. Then divide them into syllables.

MODELO **s i m / p á / t i / c o**

1. i n t e r e s a n t e

2. b o l í g r a f o

3. e s p e r a r

4. p r e p a r a r

5. r o m á n t i c o

6. e s c r i b i r

7. e s t u p e n d o

8. b i c i c l e t a

9. p e r f e c t o

10. p e r d ó n

11. c a r a m b a

12. d e s o r g a n i z a d o

Nombre _Jordan Livingston_

Fecha _10/29/97_

¡DIME!
UNO
UNIDAD 2
LECCIÓN 2

¡A ESCRIBIR!

A **Los estudiantes.** Paco and Luisa are comparing the students at their school. Complete their conversation.

1. PACO Los chicos son muy simpáticos.
   LUISA Las chicas son ~~muy~~ simpáticas también.

2. PACO Eduardo es estudioso.
   LUISA Elena y Carmen son _estudiosas_ también.

3. PACO Clara es atlética.
   LUISA Tú y yo somos _atléticas_ también.

4. PACO Samuel es perfeccionista.
   LUISA Rosa y Lupe son _perfeccionistas_ también.   _perfeccionistas_

5. PACO Carlos es tímido.
   LUISA Ana y yo somos _tímidas_ también.

6. PACO Felipe y yo somos generosos.
   LUISA Paquita y Tania son _generosas_ también.

7. PACO El estudiante de Venezuela es interesante.
   LUISA Las bolivianas son _de Venezuela_ también.

8. PACO Beto es fuerte.
   LUISA Tomás y yo somos _fuertes_ también.

¿Dónde está Teresa? The principal is trying to find these people. Tell where they are.

MODELO

Pablo **está en la sala de computación.**

1. Los chicos _están en la sala de música_

2. Teresa _está en la ~~oltmera~~_
cafetería

3. Raúl _está en el ~~sala~~ pasillo_

4. Las chicas _están en la ~~sala~~ gimnasio_

5. Tú _están en la sala de química ~~química~~_

6. El señor Baca _está ~~es~~ en el teatro ~~teatro~~_

7. Yo _está en la sala de matemáticas_

8. Las profesoras _están en el patio_

9. La Sra. Valdez _está en la oficina_

10. Julia _es en el librería_
está en la biblioteca

C **¿Cómo eres?** List five of your most noteworthy characteristics. Then list five of your best friend's characteristics.

inteligente

1. Yo soy ⟨intelligente⟩, y organizado, y estudiosos y
simpáticos, y ⟨comico⟩ — Cómico

2. Mi mejor amigo(a) se llama _Nate Faggioli_
Es _muy comico, y atlético, y disorganizado, y rubio y
no estudioso también._

3. Somos similares. Somos _inteligentes y comicos, y
simpaticos, y generosos, y interesantes._

4. Somos diferentes. _pero yo soy_
Yo soy _no atletico, y organizado, y estudioso, y no
popular, y no alto también._ _tampoco_

es disorganizado
Él/ella es ⟨no⟩ estudioso, y no organizado, y
atletico, y alto, y extrovertido.

La clase de español. In a short paragraph, describe your Spanish class, your classmates, and your teacher. Write a minimum of 6-8 sentences.

Mi classe de español es en la sala uno - veinte. Mi profesora es Sra. Portocarrero. Mi classe de español es muy difíciles y muy aburrida. Muy interesante y muy exigente también. La classe es muy intelligente. La señora Portocarrero es excilente.

Nombre _Jordan Livingston_

Fecha _10/29/97_

¡DIME! UNO

UNIDAD 2
LECCIÓN 2

VOCABULARIO PERSONAL

In this lesson you have learned about places found in a school; how to talk about more than one person; more ways to describe people, places, and things; how to ask and tell the location of people and things; and much more. Add these new Spanish words and phrases to your list.

En el colegio

cafetería	pasillo	patio
gimnasio	recreo	baño
biblioteca	sala	escuela
escuela secundaria		director
oficina		laboratorio
teatro		computadora

Computadoras

ratón	disco compacto	diskette floppy
parlantes	teclado	cables
monitor	módem	micrófono
impresora	disco duro	almohadilla
reproductor de CD-Rom		audífonos

Descripción de clases y profesores

interesante	perfeccionista	bueno
aburrido	regular	difícil
simpático	serio	divertido
inteligente		excelente
cómico		fantástico
antipático		fácil

Personas

el director

Verbos

estas	_están_
estas	_están_
está	_soy_ _sois_
está	_eres_ _son_
estamos	_es_
estáis	_somos_

Palabras y expresiones

e (and)
las
los
claro que sí

Antes de empezar

1. Do all high schools in your state teach basically the same courses? If not, how do they differ?

   Yes. Some high schools put different emphasis
   on the various subjects.

2. What kind of special training do U.S. high schools provide for future teachers? For college prep? In technical skills such as electronics, hairdressing/cosmetology, auto mechanics, etc.?

   Basic classes do not provide professional
   training.

3. Where can you go to get training in business skills? Typing or short-hand? Computers?

   Pop business schools.

In the following reading, you will learn about the various types of high school training available in Hispanic countries.

Escuelas secundarias

En los países hispanos, hay varios tipos de escuelas secundarias: bachillerato, escuela normal, escuela técnica. En Estados Unidos simplemente decimos *high school*.

La escuela secundaria consiste en cinco años de estudio.	
Ciclo básico *(cursos obligatorios):* **Años 1, 2 y 3**	Matemáticas, historia, literatura, ciencias, geografía y una lengua.
Ciclo superior *(cursos especializados):* **Años 4 y 5**	*Escuela normal:* Cursos para futuros maestros y profesores *Escuela técnica:* Cursos técnicos, como electricidad, cultura de belleza, mecánica automotriz, fotografía, carpintería, electrónica, etc. *Bachillerato:* Cursos académicos, en preparación para la universidad

Verifiquemos

1. ¿Cuántos diferentes tipos de escuelas secundarias hay en los países hispanos? ¿Cuáles son?

   Tres escuelas secundarias.

2. ¿Cuántos años de estudio hay en las escuelas secundarias hispanas?

   Cinco, matemáticas, historia, literatura, ciencias, geografía, y lengua

3. ¿Qué cursos tienen los estudiantes los primeros tres años? ¿los otros dos años?

   technicos, electricidad, cultura, belleza, mechanica, fotografía, carpintería y electronica

A   **Esta noche.** Several people are talking about their plans for the
evening. Fill in each blank with the letter of the picture that shows
what the speaker plans to do.

A.

B.

C.

CH.

D.

1. ___D___
2. ___CH___
3. ___C___
4. ___A___
5. ___CH___
6. ___A___
7. ___B___
8. ___CH___

Diseñador gráfico. You work as a graphic artist for the school newspaper. Your task today is to design symbols to represent people's Sunday activities. Draw the symbols you would use for each activity you hear described.

MODELO You hear: *Jorge va a preparar la comida para su familia.*

You draw: **a symbol for preparing dinner**

 1.

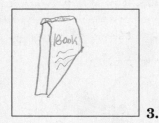 2.

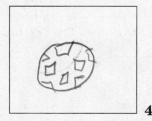 3.

 4.

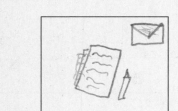 5.

 6.

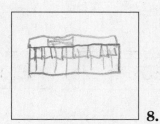 7.

 8.

C

De visita. You are going to visit your cousin on Saturday. Listen as he describes what you are going to do, and fill in your date book accordingly.

SÁBADO	
Hora	Actividad
8:00	limpear la casa
10:00	clase de karate
12:00	casa comer
1:00	video cum pedro y lira
3:00	pasear en bicicleta
6:00	comer en la restaurante
9:00	un programa muy bueno en la televisión

Nombre _Jordan Livingston_

Fecha _11/19/97_

¡DIME! UNO

UNIDAD **2**

LECCIÓN **3**

¡A ESCUCHAR!

CH **¡No olvides!** You have several messages on your answering machine asking you not to forget previous commitments. Listen to each message and then write down the pertinent information in your appointment book.

MODELO Your hear: *Buenos días. Soy Diego. No olvides que vamos a salir a comer el viernes a las 7:00.*

You write: **7:00, salir a comer con Diego** in the space by **viernes.**

LUNES	Teresa, televisión y tu casa 8:00
MARTES	Marcos, 7:00 - estudian español
MIÉRCOLES	Andres, 4:30, pasear en bicicleta
JUEVES	4:00, anita - vamos a jugar tenis
VIERNES 7:00	**salir a comer con Diego**
SÁBADO	6:30 - video- Roberto
DOMINGO	Cecilia vamos a correr 5:00

Pasatiempos. You will hear a radio program that sponsors pen pal exchanges. Before listening to the broadcast, read the answer choices below. Then listen to the broadcast, in which three young people describe themselves and their favorite pastimes. Circle the letter of the phrase that best completes each statement.

1. Yolanda Suárez is from . . .
   a. South America.   **b.** Central America.   **c.** North America.

2. Yolanda likes . . . activities.
   a. indoor   **b.** outdoor   **c.** indoor and outdoor

3. Roberto Ruiz is from . . .
   a. South America.   **b.** Central America.   **c.** North America.

4. Roberto enjoys . . .
   a. varied activities.   **b.** a few activities.   **c.** several sports.

5. Susana Rodríguez is from . . .
   a. San Juan.   **b.** San José.   **c.** San Diego.

6. Susana enjoys . . .
   a. sports.   **b.** cooking.   **c.** eating out.

7. Susana and Roberto share an interest in . . .
   a. running.   **b.** karate.   **c.** music videos.

8. All three people like to . . .
   a. study.   **b.** read.   **c.** write.

¿Obligación o diversión? Are these teenagers talking about an obligation or a fun activity? Mark the appropriate box.

MODELO   You hear: *Vamos a pasear en bicicleta esta tarde.*

You mark: ☒ **Diversión**

You hear: *Tengo que trabajar mañana.*

You mark: ☒ **Obligación**

	Obligación	*Diversión*
1.	☑	☐
2.	☐	☑
3.	☐	☑
4.	☑	☐
5.	☑	☐
6.	☐	☑

Nombre _Jordan Livingston_

Fecha _11/24/97_

¡DIME! UNO

UNIDAD **2**
LECCIÓN **3**

¡A ESCUCHAR!

F **En la cafetería.** Rosa and Felipe are conversing in the school cafeteria. Before listening to their conversation, read through the statements below. Then listen to the dialogue and circle **C (cierto)** if the statement is *true* and **F (falso)** if it is *false*. Listen to the conversation once more to verify your answers.

C (F) 1. Rosa y Felipe no están bien.

C (F) 2. Las clases de Rosa son aburridas.

(C) F 3. La clase favorita de Rosa es español.

C (F) 4. La clase del señor Blanco es fácil.

(C) F 5. El señor Blanco es sudamericano.

C (F) 6. Hay clase de español los lunes, martes, miércoles, jueves y viernes.

C (F) 7. La clase es a las dos.

(C) (F) 8. Es la una menos cinco.

(C) F 9. Rosa tiene que ir a clase.

C (F) 10. Felipe y Rosa van a estudiar juntos a las ocho.

Pronunciación y ortografía

La acentuación

Spanish words that end in a vowel, in **n**, or in **s** are regularly stressed on the next-to-last syllable. Repeat the following words after the speaker, taking care to stress the syllables in bold type. Each word will be said twice.

arte	**gran**des
casas	**lla**man
clase	te**ne**mos
gusto	**ma**pa
do**min**go	organi**za**da

Now listen to the speaker pronounce the following words. After you hear each word, divide it into syllables and underline the stressed syllable.

MODELO e s / t u / **p e n** / d o

1. fa vo ri to
2. jo ven
3. lu nes
4. no ches
5. es cri ben

6. i gual men te
7. mo des ta
8. in te re san tes
9. pe li rro ja
10. Ca ra cas

Spanish words that end in a consonant other than **n** or **s** are regularly stressed on the last syllable. Repeat the following words after the speaker, taking care to stress the syllables in bold type. Each word will be said twice.

us**ted**	practi**car**
direc**tor**	pla**cer**
se**ñor**	capi**tal**
ver**dad**	espa**ñol**
alqui**lar**	Bra**sil**

Now listen to the speaker pronounce each of the following words. After you hear each word, divide it into syllables and underline the stressed syllable.

1. co mer
2. u ni dad
3. nor mal
4. es cri bir

5. e lec tri ci dad
6. na tu ral
7. ju gar
8. e dad

K Words that do not conform to the preceding rules require a written accent mark on the stressed syllable. Repeat the following words after the speaker, taking care to stress the syllables in bold type. Each word will be said twice.

in**glés**   di**fí**cil
fútbol   sim**pá**tico
fan**tás**tico   mate**má**ticas
Bogo**tá**   a**llí**

L The following words all require written accent marks. After you hear each word, divide it into syllables and write an accent mark over the vowel of the stressed syllable. Each word will be read twice.

MODELO **r o / m á n / t i / c o**

1. Pa/na/má
2. per/dón
3. at/lé/ti/co
4. Pe/rú
5. có/mi/co

6. jó/ve/nes
7. lá/piz
8. te/lé/fo/no
9. tam/bién
10. Ca/na/dá

LL As you listen to the following words, underline the stressed syllables and write an accent mark where necessary. Each word will be said twice.

MODELO **d i <u>f í</u> c i l**
        e s <u>c r i</u> b e n

1. fá/cil
2. <u>ge</u>/ne/ral
3. <u>nom</u>/bres
4. prac/ti/ca
5. <u>hor</u>/as

6. men/sa/jes
7. re/<u>gu</u>/lar
8. sá/ba/do
9. tí/mi/dos
10. a/quí

M All question words have written accents that do not affect pronunciation. Repeat these question words after the speaker.

¿dónde?   ¿cuál?   ¿cuándo?   ¿por qué?

¿cómo?   ¿qué?   ¿cuánto?   ¿quién?

N Some words have written accents to distinguish them from another word spelled exactly the same. In these words, the accent mark does not affect pronunciation. Since the use of these accent marks cannot be determined from the pronunciation, you need to memorize the spelling of these words. As you listen to the following words, note their spelling and their English meanings.

tú	*you*	tu	*your*
él	*he*	el	*the*
sí	*yes*	si	*if*

You will learn more about stress and accent marks in Unit 5.

A **Actividades.** What are these people going to do during the weekend? Label each picture.

MODELO **ver televisión**

1. _va alquilar una película_

2. _va leer un libro_

3. _va calificar exámenes_

4. _va estudiar_

5. _ver practicar_

6. _ver hacer la tarea_

7. _va a trabajar_

8. _va correr_

9. _va hacer una comida_

10. _ver hablar por teléfono_

11. _va ir a la biblioteca_

12. _ver pasear en bicicleta_

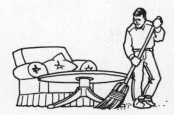

13. _va limpiar la casa_

14. _va practicar_

B **Obligaciones y planes.** What do the following people have to do this weekend?

MODELO Yo ___**tengo que**___ calificar exámenes.

1. Yo _tengo que_ limpiar la casa.
2. Sara _tiene que_ trabajar en el restaurante de su papá.
3. Mónica _tiene que_ estudiar para un examen.
4. Raúl y sus amigos _tienen que_ jugar básquetbol.

What are the following people going to do this weekend?

MODELO El Sr. Arenas ___**va a**___ correr un rato.

5. Carlos y el Sr. Arenas _van a_ alquilar un video más tarde.
6. La Sra. Estrada _va a_ ver televisión.
7. La Sra. Estrada y la Srta. Rivera no _van a_ salir esta noche.
8. Yo _voy a_ salir con Tomás.

C **¿Cuántos tienen?** Write what you might say if asked how many of the following items each person has.

EJEMPLO **El profesor tiene cinco lápices.**

el profesor	10 diccionarios
tú y yo	5 bolígrafos
mis amigos	15 libros
tú y la profesora	25 computadoras
yo	30 carpetas
tú	8 lápices

1. _El profesor tiene diez diccionarios._
2. _Tú y yo tenemos cinco bolígrafos_
3. _Mis amigos tienen quince libros_
4. _Tú y la profesora tienen veinte cinco computadoras_
5. _Yo tengo treinta carpetas._
6. _Tú tienes ocho lápices._

Nombre _Jordan Livingston_

Fecha _11/21/97_

¡DIME! UNO

UNIDAD 2
LECCIÓN 3

¡A ESCRIBIR!

CH **El sábado.** Look at Antonio's schedule for Saturday. Write two lists, one that tells the things you think he is going to do because he wants to do them, and one that tells the things you think he has to do. The first two have been done for you.

---

sábado   7 de octubre

7:00	correr en el parque ✓	1:30	estudiar para el examen de ciencias ✓
8:30	limpiar el patio ✓	3:00	ir a clase de piano ✓
9:00	jugar tenis con Linda ✓	4:15	ir a casa ✓
11:00	pasear en bicicleta con Alberto ✓	5:00	preparar la comida ✓
12:00	comer con Anita y Silvia ✓	6:30	hablar con Silvia ✓
		7:30	ver una película con Carlos

Actividades voluntarias

A las siete va a correr en el parque.

a las nueve va a jugar tenis con Linda

a las once va pasear en bicicleta con Alberto

a las tres va a ir a clase de piano.

a las seis va a hablar con Silvia

a las siete va a ver una película con Carlos

Actividades obligatorias

A las ocho y media tiene que limpiar el patio.

a las doce tiene que comer con Anita y Silvia

a las una y media tiene que estudiar para el examen de ciencias

a las cuatro y cuarto tiene que ir a casa

a las cinco tiene que preparar la comida.

D **Mi horario.** Complete this schedule for next Saturday with things you are going to do because you want to and things you have to do. One has been done for you.

sábado
fecha _____

7:30	_voy a domir a i_
8:15	_voy a domir_
9:00	_voy a domir_
11:00	_voy a practicar karate_
12:00	**Voy a comer algo.**
1:30	_voy a ver la televisión_
3:00	_voy a salir con amigos_
4:15	_voy a salir con amigos_
5:00	_voy a salir con amigos_
6:30	_voy a comer_
7:30	_voy a ver la televisión_
8:00	_voy a ver la televisión_

E **¿Qué tienen que hacer?** Write sentences telling who has to do the following things and who is going to do them because they want to.

EJEMPLO **La profesora tiene que ir a la biblioteca.**

mis amigos			escribir una composición	alquilar un video
yo			limpiar la casa	pasear en bicicleta
tú	ir a		trabajar en el restaurante	ir a la biblioteca
la profesora	tener que		jugar básquetbol	estudiar español
tú y yo			hacer la tarea	calificar exámenes
Ud. y el director			hablar con [. . .]	

1. _mis amigas tienen que escribir una composición_
2. _yo tengo que limpiar la casa_
3. _Tú vas a jugar básquetbol_
4. _La profesora tiene que calificar exámenes_
5. _Tú y yo vamos alquilar un video_
6. _Ud. y el director van a pasear en bicicleta_
7. _____
8. _____
9. _____
10. _____

In this lesson you learned to name after-school and weekend activities, to
talk about obligations and future plans, and much more. Add the new
Spanish words and phrases you have learned to the categories below.

Actividades

alquilar – to rent	correr – to run
calificar – to grade	hacer – to do, make
estar – to be	leer – to read
estudiar – to study	ser – to be
hablar – to talk, speak	tener – to have
jugar – to play	ver – to see, watch
limpiar – to clean	escribir – to write
mirar – to look at	ir – to go
participar – to participate	salir – to go out, leave
pasear – to take a walk	subir – to go up, climb
practicar – to practice	vivir – to live, exist
preparar – to prepare	tomar un autobús
trabajar – to work	beber
viajar – to travel	esperar – wait for bus
comer – to eat	

Diversiones

limpiar la casa	hablar por teléfono
hacer la tarea	hacer una comida
pasear en bicicleta	ir a trabajar
alquilar una película	ver la televisión
leer un libro	tener planes
calificar exámenes	beber un refresco
jugar basquetbol	escribir una carta
comer pizza	baile
restaurante	
barato	
piano	

Verbos

tener

tengo

tienes

tiene

tenemos

tienen

que

voy

vas

va

vamos

vais

van

van

estar

estan

estamos

Palabras y expresiones

¿Que van a hacer?

¿Que tiene que hacer?

algo

autobus

casa

con

examen

puntos

mañana

para

planes

practicar

todos

¡Qué lastima!

¡ay!

un poco

A **Crucigrama.** Complete the crossword puzzle by writing an infinitive to describe the activity illustrated in each clue below.

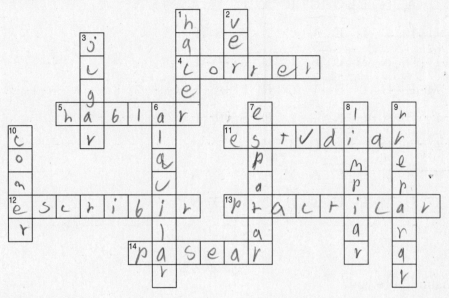

Horizontal _____

4 _corres_ por el parque

5 _hablas_ por teléfono

11 _estudias_ para un examen

12 _escribes_ cartas

13 _practica_ el piano

14 _pasea_ en bicicleta

Vertical _____

1 _hacer_ la tarea

2 _ver_ televisión

3 _juega_ fútbol

6 _alquila_ un video

7 _esperar_ el autobús

8 _limpiar_ la casa

9 _prepara_ la comida

10 _comer_ en un restaurante

Sopa de letras. Find 14 different courses hidden in this puzzle. Then, in the spaces provided below, write the remaining letters in the order they occur in the puzzle to answer the question.

M L I T E R A T U R A
G I M N A S I A U C H
Q A G E O G R A F I A
U L C I E N C I A S F
I G A M U S I C A T I
M E H I S T O R I A S
I B A I N G L E S R I
C R D I B U J O R T C
A A E D R A M A A E A
C O M P U T A C I O N

What does all this mean to you?

_M u c h a_ _T a r e a_

Nombre _Jordan Livingston_

Fecha _12/13/97_

¡DIME! UNO

UNIDAD 3
LECCIÓN 1

¡A ESCUCHAR!

A **Siempre ocupado.** Samuel, a very active teen, has plans for every day of the week. Listen to his statements and indicate on the grid where he goes on which days.

MODELO You hear: *Voy a estudiar en la biblioteca el miércoles después de las clases.*

You mark: **X** in the grid where **biblioteca** and **miércoles** intersect

	lunes	martes	miércoles	jueves	viernes	sábado	domingo
cine						X	
museo de arte						X	
biblioteca			**X**				
parque							X
café		X		X			
gimnasio	X		X		X		
teatro					X		
clase de piano	X						

B **Inventario.** You and a friend are helping correct an old inventory of items in the classroom. As you hear the numbers of items called out, correct the list. Then listen again to verify your answers.

MODELO You hear: *Hay dieciséis bolígrafos.*
You change: **20 to 16 bolígrafos.**

```
 5  30  lápices
 9  10  diccionarios
13  15  reglas
 4   5  borradores
29  30  cuadernos
15  20  carpetas
29  30  libros
16  20  bolígrafos
 1   5  paquetes de papel
    30  pupitres
30  35  sillas
 2  10  cajas de tiza
     1  proyector
```

C **Vacaciones.** You are planning a trip to Mexico City, and you have made a list of things you would like to see. First review the list. Then listen to this radio advertisement and mark the things on your list that, according to the ad, you will find in the Mexican capital.

```
__✓__ parques
_____ bibliotecas
_____ colegios locales
__✓__ museos
__✓__ restaurantes
__✓__ cines
_____ gimnasios
__✓__ teatros
_____ tiendas de videos
__✓__ centros comerciales
```

¡DIME! UNIDAD **3**
UNO LECCIÓN **1**

¡A ESCUCHAR!

CH **Gustos.** You overhear Rosa talking to one of her friends on the phone. Is she talking about her own likes and dislikes or someone else's? Indicate which by marking the appropriate box.

MODELO You hear: *Me gusta hablar por teléfono.*
You mark: ☒ **Rosa**
You hear: *Le encanta bailar.*
You mark: ☒ **Otra persona**

	Rosa	*Otra persona*
1.	☐	☒
2.	☒	☐
3.	☐	☒
4.	☐	☒
5.	☐	☒
6.	☒	☐
7.	☒	☐
8.	☐	☒
9.	☐	☒
10.	☒	☐

D **En la oficina.** You overhear several conversations in the school office. Indicate whether each person is being addressed formally or informally. Mark the appropriate column.

	formal	*familiar*
1.	☐	☒
2.	☒	☐
3.	☒	☐
4.	☐	☒
5.	☒	☐
6.	☒	☐
7.	☐	☒
8.	☒	☐
9.	☐	☒
10.	☐	☒

E

Cartas. A friend who thinks you might be interested in corresponding with a pen pal is reading an ad to you. First read the statements below. Then listen to the advertisement and circle **C (cierto)** if the statement is true and **F (falso)** if the statement is false. Listen again to verify your answers.

C (F)   **1.** Diego es un chico sudamericano.

(C) F   **2.** Diego es un chico activo.

C (F)   **3.** A Diego le encanta jugar béisbol.

C (F)   **4.** Según Diego, las clases son aburridas.

(C) F   **5.** A Diego le gustan las ciencias.

C (F)   **6.** Le gusta sobre todo la literatura.

(C) F   **7.** Es muy estudioso.

C (F)   **8.** Diego es muy inteligente.

C (F)   **9.** Le gustaría tener correspondencia con una persona de Sudamérica.

C (F)   **10.** No le gustaría tener correspondencia con chicas.

F

El periódico. Tere, the editor of the school paper, needs a reporter to cover sports and entertainment. Today she is interviewing Pablo and Diana. Read the questions, then listen to the conversation and circle the letter of the best answer to each question. Listen again to verify your answers.

1. ¿Quién está nervioso(a)?
   a. Teresa
   (b.) Pablo
   c. Diana

2. ¿Qué le gusta a Pablo?
   a. el inglés
   (b.) el dibujo
   c. el fútbol

3. ¿Qué clase le gusta a Diana?
   (a.) la educación física
   b. el español
   c. el béisbol

4. ¿Qué le gusta hacer a Diana después de las clases?
   a. estudiar
   (b.) practicar el tenis
   c. jugar fútbol

5. ¿Qué hace Pablo los fines de semana?
   a. visita museos
   b. ve películas
   (c.) visita museos y ve películas

Pronunciación y ortografía

La pronunciación de los sonidos [p], [t], y [k]

G The Spanish sounds **[p]**, **[t]**, and **[k]** are pronounced without the strong puff of air often heard in similar English sounds. Listen to these words that contain the sound **[p]**. Then repeat each word when the speaker reads the list again. Remember to avoid the strong puff of air often heard in the English *[p]* sound.

piano	lim**p**iar
pasear	**p**ermiso
Perú	**p**a**p**á
patio	**p**o**p**ular
gua**p**o	**p**re**p**arar

H Now listen to these words that contain the sound **[t]**. Then repeat each word when the speaker reads the list again.

tele	boni**t**o
tú	**t**on**t**o
tímido	in**t**eligen**t**e
tener	li**t**era**t**ura
señori**t**a	**t**ea**t**ro

I Listen to these words that contain the sound **[k]**. Note that in Spanish, the **[k]** sound may be spelled **c, qu,** or **k.** Then listen again and repeat each word after the speaker.

café	a**qu**í
qué	fla**c**o
clase	**c**ómi**c**o
kilo	**qu**ími**c**a
quién	**c**alifi**c**ar

J Now listen to words that contain several of these sounds and repeat them after the speaker.

pe**qu**eño	**t**í**p**i**c**o
ma**t**emá**t**i**c**as	**c**a**p**i**t**al
de**p**or**t**es	an**t**i**p**á**t**i**c**o
qué **t**al	**c**om**p**u**t**a**c**ión
pelí**c**ula	**p**ra**c**ti**c**ar

Listen to the speaker pronounce a series of words with **[p]**, **[t]**, and **[k]** sounds. Each word will be said twice. Indicate whether the word is English or Spanish by marking the appropriate column.

	inglés	español
1.	☑	☑
2.	☑	☐
3.	☑	☐
4.	☐	☑
5.	☑	☐
6.	☑	☐
7.	☐	☑
8.	☐	☑
9.	☑	☐
10.	☐	☑
11.	☑	☐
12.	☐	☑

A

Vamos. Finish the sentence to tell where everyone is going this morning, according to the numbers on the map.

MODELO **Yo voy al centro comercial.**

1. Daniel y Martín _van al biblioteca_

2. Mamá _va al restaurante_

3. Alicia _va al colegio_

4. Kati y yo _vamos al patio_

5. Susana y Teresa _van al centro comercial_

6. Tú _vas al museo municipal_

7. El Sr. Villar _va al gimnasio_

8. Yo _voy al restaurante_

9. David _va al discos en oferta_

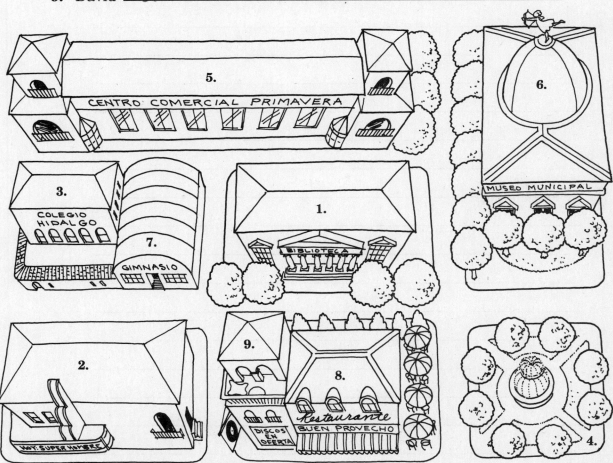

B **¿Adónde van?** It is time for the first class of the day to begin. Ask where these people are going.

1. el director _¿Adónde esta el directos?_
2. tú _¿adónde estas tu?_
3. Pablo y Carlos _¿adónde estamos Pably y Carlos?_
4. Sara _¿adónde esta sara?_
5. ustedes _¿adónde estan ustedes?_
6. Srta. Blas _¿adónde esta srta. Blas?_
7. Luisa y Belita _¿adónde estan Luisa y belita?_
8. Juan y yo _¿adónde estamos Juan y yo?_
9. Clara y Tomás _¿adónde estan Carlos y Tomás?_
10. yo _¿adónde estoy yo?_

C **Hay una escuela grande.** Are all of the places on the map in activity A also found in your hometown? Tell which ones are and describe them.

EJEMPLO Hay un museo. Es interesante.

1. _Hay un cine. Es muy divertida_

2. _Hay un capital. Es interesante._

3. _Hay un museos. Es aburrido_

4. _Hay un centro comercial. Es muy mal_

5. _Hay un parque. Es aburrido_

Nombre Jordan Livingston

Fecha 12/08/97

¡DIME!
UNO

UNIDAD 3
LECCIÓN 1

¡A ESCRIBIR!

6. Aday un biblioteca. Es informativo

7. Aday un restaurante. Es bueno.

8.

CH **Le gustan las computadoras.** Imagine that your teacher's likes and dislikes are the *opposite* of yours. For each item pictured here, tell whether your teacher likes or dislikes it.

EJEMPLO **Le gustan las computadoras.** o
No le gustan las computadoras.

1. No le gusta el cine.
2. No le gusta el pizza.
3. Le gustan los discos.
4. Le gustan el futbol.
5. Le gustan la comida mexicana
6. No le gustan los libros.
7. No le gusta la televisión.
8. Le gusta el colegio juarez
9. No le gustan las computadoras
10. Le gusta el video.

D **Me encanta bailar.** We all like to do some things more than others. List 4 or 5 things that you love to do, 4 or 5 things that you like to do, and 4 or 5 things that you dislike doing.

1. Me entantila roy al cine.
2. Me encanta comer en el restarante.
3. Me encanta roy al centro comercial
4. Me encanta trabajar en la computadora
5.

1. Me gusta mirar vídeos.
2. Me gusta escuchar música
3. Me gusta hablar por teléfono
4. Me gusta ver la televisión
5.

1. No me gusta preparar la comida
2. No me gusta roy al teatro
3. No me gusta estudiar.
4. No me gusta hacer la tarea
5. No me gusta roy al escuela.

Nombre _Jordan Livingston_

Fecha _12/10/97_

¡DIME! UNO

UNIDAD **3**
LECCIÓN **1**

¡A ESCRIBIR!

E **¿Te gustaría?** In the left column, write questions asking a friend if he or she would like to do each activity. In the right column, answer each question according to whether you would like to do the activity or not.

1. ver televisión

   ¿Te gustaría ver televisión? Sí, me gustaría.

2. beber un refresco

   ¿Te gustaría beber refresco? Sí, me gustaría

3. jugar fútbol

   ¿Te gustaría jugar fútbol? No, no me gustaría

4. ir de compras

   ¿Te gustaría ir de compras? No, no me gustaría

5. pasear por el parque

   ¿Te gustaría pasear por el parque? No, no me gustaría

6. comer en un restaurante

   ¿Te gustaría comer en un restaurante? Sí, me gustaría

7. leer una novela

   ¿Te gustaría leer una novela? No, no me gustaría

8. ir a un museo

   ¿Te gustaría ir a una museo? No, no me gustaría

Me gusta . . . Write a paragraph telling what you like to do after school and on weekends and what you are going to do after school today and this coming weekend.

Después de escuela y en Sabado y Domingo, ir al cine; ver la televisión, comer en un restaurante, y leer. Por la tarde yo tengo que estudiar y hacer la tarea. On Sabado yo voy al cine, y tener planes con amigos.

M.S.

In this lesson you learned the names of a number of locations and activities, and more. Complete each category with the new Spanish words and phrases that you learned, and any other new vocabulary you find useful.

down Town
En el centro

supermercads	capital
centro comercial	escuela
restaurante	gimnasio
cafe monuments	biblioteca
cine parque	cafetare
teatro tiend (de discos)	parque grande
museo	centro

Gustos

me gusta	te gustan
te gusta	le gustan
le gusta	no me gustan
no me gusta	note gustan
note gusta	no le gustan
no le gusta	
me gustan	

Pronombres y complementos

me — I	unas
te — you	a mi
le — you	a ti
le — te, she	a el
un	a ella
unos	a Ud
una	

Verbos

vamos	tomar	van
voy	hay	al
vas	encantar	bailar
va	gustar	escuchar

En un centro comercial

restaurante	de compras
café	oferta (en oferta)
tienda de discos	disco
el cine	novela

Palabras y expresiones

me encanta	al	de veras
te encanta	aquí	fin de semana
le encanta	mucho	ir de compras
me encantan	un	que pan
te encantan	uno	quiénes
le encantan	una	
este fin de semana	unos	
los fines de semana	unas	
encantaría	adónde	
a	al aire libre	

Nombre _Jordan Livingston_

Fecha _11/12/97_

¡DIME! UNO

UNIDAD 3
LECCIÓN 1

¡A LEER!

Antes de empezar

1. What awards are given for outstanding achievement in motion pictures?

   Academy awards, Golden Globes, Actors Guild, MTV

   For outstanding achievement in television?

   Cable Ace, Emmy

   For outstanding performance in music?

   Grammy, MTV, Billboard Music award

2. What are some categories for which awards are given for movies? For music?

Best actor	Best song
Best actress	Best new artist
Best Director	Best Female
Special Effects *	Best male
Music	
Supporting actor	
Supporting actress	

3. Are only American performers eligible for these awards? Explain your answer.

   No, anyone whose stuff is released in the US

LECTURA

Read the questions on the next page. Then scan the article to find the answers. Do not expect to understand every word you read. Simply look for the specific information requested in the questions.

Estos son los nominados para el 21 de febrero

12 LATINOS ASPIRAN A LOS PREMIOS GRAMMY

YA se ha hecho pública la lista de artistas nominados para la obtención de los premios Grammy, que se celebrará el 21 de febrero en Los Ángeles. Este galardón lo otorga la Academia Nacional de las Artes y las Ciencias de la Grabación. En la categoría de «Mejor interpretación pop latina» se encuentran Miguel Gallardo con «América», El Puma con «Baila mi rumba», Chayanne con el tema que lleva su mismo nombre, Dyango con «Suspiros» y José Feliciano con «Cielito Lindo».

En la sección de «Mejor interpretación tropical» están Wilfrido Vargas con «Animation», Eddie Palmieri con «Azúcar», Ray Barretto con «Irresistible», la cubana Celia Cruz y Ray Barretto con «Ritmo en el corazón» y Willie Colón con «Altos secretos». Y por lo que respecta a la categoría de «Mejor interpretación vocal pop femenina», la cantante Gloria Estefan también ha sido nominada con su canción «Don't Wanna Lose You».

Verifiquemos

1. El título de esta lectura se refiere
   a. a un grupo musical hispano.
   b. a unos premios musicales.
   c. a unos premios teatrales.

2. ¿Dónde es la celebración de los premios Grammy?
   a. En Los Ángeles.
   b. En Miami.
   c. En Hollywood.

3. ¿Quién decide quién recibe los premios Grammy?
   a. Una academia nacional.
   b. El público hispano.
   c. Los artistas nominados.

4. ¿En qué categorías fueron nominados artistas hispanos?
   a. Mejor interpretación vocal masculino.
   b. Mejor interpretación latina y tropical.
   c. Mejor interpretación instrumental.

5. ¿Para qué premio fue nominada Gloria Estefan?
   a. Mejor interpretación tropical.
   b. Mejor interpretación latina.
   c. Mejor interpretación vocal pop femenina.

Nombre _Jordan Levingston_

Fecha _12/12/97_

¡DIME!
UNO

UNIDAD 3
LECCIÓN 2

¡A ESCUCHAR!

A **Después de las clases.** According to Melinda, the people at Lincoln High School do a variety of activities after class. For each statement you hear, write the letter of the drawing that is being described.

1. ___a___   3. ___B___   5. ___B___   7. ___A___   9. ___C___

2. ___C___   4. ___D___   6. ___CH___   8. ___D___   10. ___CH___

A.

B.

C.

CH.

D.

B **Por teléfono.** You overhear your mother talking on the phone to one of her friends. Is she talking about herself or about someone else? Indicate which by marking the appropriate box.

	Mamá	otra persona
1.	☑	☐
2.	☐	☑
3.	☑	☐
4.	☐	☑
5.	☑	☐
6.	☑	☐
7.	☐	☑
8.	☐	☑

C **Entrevista.** Pedro Lamadrid is interviewing people in the park. Is he talking with a teenager or with an adult? Indicate which by marking the appropriate box.

	chico	adulto
1.	☑	☐
2.	☐	☑
3.	☑	☑
4.	☐	☑
5.	☑	☐
6.	☐	☑
7.	☐	☑
8.	☑	☐
9.	☑	☐
10.	☑	☐

Nombre _Jordan Livingston_

Fecha _01/14/98_

¡DIME!
UNO

UNIDAD **3**
LECCIÓN **2**

¡A ESCUCHAR!

CH **El tiempo.** Fernando, an exchange student from Perú, is describing the weather in the United States to his friends back home. For each of his statements, write the letter of the drawing that is being described.

1. ___C___   3. ___A___   5. ___D___   7. ___C___
2. ___D___   4. ___C___   6. ___B___   8. ___CH___

A.

B.

C.

CH.

D.

¡Dibujos! You have been asked to illustrate a children's book about the weather. Listen to each description and jot down the key words. Then draw appropriate illustrations.

buen
tiempo

sol

fresco, llueve   viento

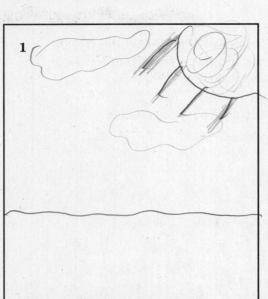

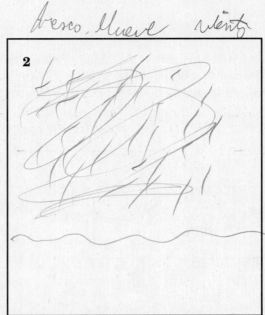

mucho calor   sol

frío

mal

tiempo

E **Los niños.** Señora Galindo's children, Julio and Sarita, engage in various activities according to the season. Listen to the description and write the activities in the grid. Then listen again to verify your answers.

MODELO You hear: *Sarita escribe poemas en otoño.*
You write: **escribir poemas** in the appropriate place.

	Julio	Sarita
primavera	estudio parque	subir a juegos
verano	leer muchos libros jugar futbol	pasear en bicicleta
otoño	estudio jugar futbol	escribir poemas jugar tennis
invierno	estudio	practica piano

F **En las montañas.** You are planning a trip to the mountains this weekend. Read the statements below, then listen to the weather report on the radio. Circle **C** (**cierto**) if a statement is true and **F** (**falso**) if a statement is false. Then listen to the report again to verify your answers.

C (F) **1.** Hoy es jueves.
(C) F **2.** Hoy hace buen tiempo.
(C) F **3.** Es perfecto para salir.
C (F) **4.** Hoy por la noche va a hacer mucho calor.
(C) F **5.** Va a hacer viento esta noche.
C (F) **6.** Mañana va a hacer mal tiempo en la capital.
(C) F **7.** En las montañas va a llover.
C (F) **8.** Mañana por la noche va a nevar en la capital.
C (F) **9.** Va a hacer buen tiempo en las montañas este fin de semana.

Pronunciación y ortografía

La pronunciación de h, j y g

G The Spanish letter **h** is always silent. It has no sound. Listen to these words that contain the letter **h.** Then repeat each word when the speaker reads the list again. Keep in mind that the **h** is always silent.

Habana	**h**asta	**h**istoria	**h**ospital	**h**elado
a**h**ora	**h**ola	**h**otel	**h**ablar	**h**ora

H The Spanish letter **j** is pronounced like the English letter *h* but a little higher in the throat. Listen to the following words that contain the [**j**] sound. Note that in some words, this sound is spelled with an **x.** Then listen again and repeat each word after the speaker.

ba**j**a	**j**ueves	Mé**x**ico	**j**untos	Te**x**as
dibu**j**o	**J**uan	pelirro**j**o	traba**j**ar	mu**j**er

I In Spanish, the letter **g** before **i** or **e** has the same pronunciation as the letter **j.** Listen to the following words with the letter **g** followed by **e** or **i.** Then repeat each word when the speaker reads the list again.

generoso	**g**eografía	zooló**g**ico	exi**g**ente	**g**igante
ál**g**ebra	**g**imnasio	**g**ente	inteli**g**ente	Vir**g**inia

J Now listen to words that contain the [**j**] sound. Note that in spelling, this sound may be written as **j, ge,** or **gi.** Then listen again and repeat each word after the speaker.

juegos	**j**ugar	a**g**ente	**g**eología	**j**a, **j**a, **j**a
Juanita	hi**j**a	me**j**or	**J**orge	**j**i, **j**i, **j**i

K Listen to the following words and indicate whether they begin with the letter **h** or with the letters **g** or **j.**

	h	*g/j*		*h*	*g/j*
1.	☐	☐	6.	☐	☐
2.	☐	☐	7.	☐	☐
3.	☐	☐	8.	☐	☐
4.	☐	☐	9.	☐	☐
5.	☐	☐	10.	☐	☐

A **Bosque de Chapultepec.** In this lesson you meet the following people in Chapultepec Park. Based on the text, select the appropriate verb phrase to tell what they do on a typical day in the park.

1. Pedro Solís (descansar / hablar) con mucha gente

Pedro Solís habla con mucha gente

2. Eloísa (leer el periódico / pasear con el niño)

Eloísa pasea con el niño

3. Riqui (visitar el zoológico / escuchar la radio)

Riqui visita el zoológico.

4. Papá (pasear por el parque / leer el periódico)

Papá lee el periódico

5. Mamá (escribir cartas / visitar el museo)

Mamá escribe cartas.

6. Daniel (subir a la montaña rusa / subir a las lanchas)

Daniel sube a la montaña rusa

7. Martín (¿ . . . ?)

Martín sube a la montaña rusa

8. Yo (¿ . . . ?)

Yo escucho música.

9. Tú (¿ . . . ?)

_Tú pa___ hace la tarea_

© D.C. Heath and Company

¿Qué ves? In looking at a map of the park, each person focuses on something different. Tell what each person notices first.

MODELO

Juan ve el lago en el parque.

1. Tú _ves el museo nacional de antropología_

2. Marta _ve el parque de diversione_

3. Mamá _ve el zoológico_

4. Yo _veo el montaña rusa_

5. José _ve el museo de arte_

6. Susana _ve el carrosel_

C **¿De veras?** Ask each person if he or she really does the activity pictured.

MODELO

SRA. VELASCO

¿Es verdad que usted escribe novelas (libros)?

SRA. MARTÍNEZ   _sube_

1. _¿Es verdad que usted ^él corrasel?_

PEPITO

2. _¿Es verdad que tu descansas?_

SRA. FUENTES   _sube_

3. _¿Es verdad que usted ^la lanca?_

JOSÉ

4. _¿Es verdad que tu lee el periódico?_

LUZ

5. _¿Es verdad que tú miras el zoológico?_

SR. MORALES   _usted_

6. _¿Es verdad ^si compra en la tienda de disos?_

CH **Acitividades favoritas.** Illustrate three of your favorite activities. Then write a sentence or two telling what you are doing.

1. _____
   _____
   _____
   _____
   _____
   _____

2. _____
   _____
   _____
   _____
   _____
   _____

3. _____
   _____
   _____
   _____
   _____
   _____

D   **A las tres.** Select eight activities that you do at different times of the day. Write a sentence for each one, telling at what time you do it.

EJEMPLO **A las tres de la tarde practico el piano.**

1. _____

2. _____

3. _____

4. _____

5. _____

6. _____

7. _____

8. _____

E   **En Francia hace frío.** You are preparing the international weather report for the school's radio station. Use the chart to write out your report.

EJEMPLO **Hoy va a hacer mucho frío en París.**

TEMPERATURA		Máx.	Mín.			Máx.	Mín.
Amsterdam		14	3	México		26	12
Bruselas		15	1	Moscú		7	0
Lisboa		26	15	París		12	6
Londres		16	3	Washington		23	16

_____

_____

_____

_____

_____

_____

_____

F **En otoño paseo en bicicleta.** The change of seasons brings a change of weather and a change of activities. Write 3-5 sentences about each season, including its weather and your activities.

 1. _____
_____
_____
_____
_____
_____
_____
_____

 2. _____
_____
_____
_____
_____
_____
_____
_____

 3. _____
_____
_____
_____
_____
_____
_____

4. _____
_____
_____
_____
_____
_____

Nombre _Jordan Livingston_

Fecha _01/13/98_

¡DIME! UNO

UNIDAD 3
LECCIÓN 2

VOCABULARIO PERSONAL

In this lesson you have learned the names of places and things found in a park, seasons and weather expressions, some activities, and more. Write the new Spanish words and phrases that you have learned in each category, and any other new vocabulary you find useful.

El tiempo

el tiempo - weather, time

hace buen tiempo

hace mal tiempo

el calor - it's hot

hace calor

hace fresco - it's cool

hace frío - it's cold

hace sol - it's sunny

hace viento - it's windy

está lloviendo - it's raining

está nevando - it's snowing

Las estaciones

las estaciones - seasons   el verano - summer

el invierno - winter

el otoño - autumn

la primavera - spring

En el parque

el autobús - bus   las corvas chozones

el bosque - forest   el cdcrorel

el helado - ice cream   los juegos infantales

el lago - lake   la montaña rusa

la lancha - small boat   el zoológico

el parque de derersbre

Verbos

calificar

cambiar

comer

comprar

correr

descansar

escribir

escuchar

esperar

estudiar

hallar

leer

mirar

preparar

subir

tomar

ver

visitar

Palabras y expresiones

cuando

la entrevista

la gente

la niña   el niño

el periódico

la radio

la tarde

¡Dígame!

¡Que bien!

Antes de empezar

1. How would you define solidarity?

   _____

   _____

2. What do you do when you want to show solidarity with another person?

   _____

   _____

3. Would you ever want to show solidarity with an animal? Explain your answer.

   _____

   _____

LECTURA

Read this poem by the Mexican poet Amado Nervo. Then respond to the **Verifiquemos** questions on the next page.

Solidaridad

Alondra, ¡vamos a cantar!
Cascada, ¡vamos a saltar!
Riachuelo, ¡vamos a correr!
Diamante, ¡vamos a brillar!
Águila, ¡vamos a volar!
Aurora, ¡vamos a nacer!
¡A cantar!
¡A saltar!
¡A correr!
¡A brillar!
¡A volar!
¡A nacer!

Amado Nervo (México 1870 - 1919)

Verifiquemos

1. ¿Qué van a hacer el poeta y la alondra?

   _____

2. ¿Qué van a hacer el poeta y el riachuelo?

   _____

3. ¿Qué van a hacer el poeta y el diamante?

   _____

4. ¿Qué van a hacer el poeta y la cascada?

   _____

5. ¿Qué van a hacer el poeta y el águila?

   _____

6. ¿Qué van a hacer el poeta y la aurora?

   _____

7. ¿Cuál es la idea principal de este poema?
   a. Solidaridad.
   b. Actividades.
   c. Aves, agua y diamantes.

A **Mini y Memo.** Several pages from your little sister's picture book have become loose and are now scattered about. First look at the pictures, then listen to the story and number the pictures in the correct sequence.

B **Dos familias.** Roberto and Inés are comparing what their families do on the weekend. Listen to what they say and complete the diagram. Write the activities that Roberto's family does in the left circle, and write those done by Inés's family in the right circle. Write the activities both families have in common in the intersection of the two circles.

MODELO   You hear: *En mi familia siempre bailamos mucho.*
                     En mi familia también.
         You write: **bailar** in the intersection of the two circles

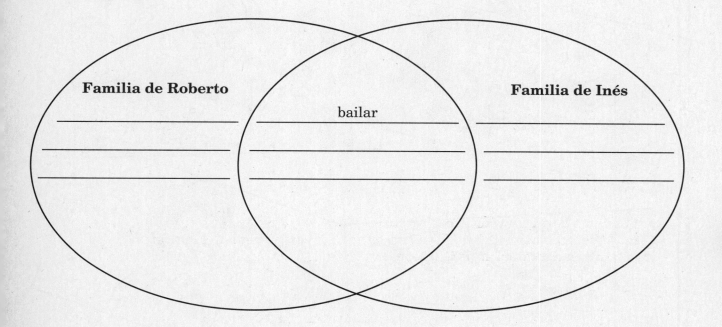

Familia de Roberto

bailar

Familia de Inés

Nombre _____

Fecha _____

¡DIME!
UNO
UNIDAD 3
LECCIÓN 3

¡A ESCUCHAR!

C **¿Yo también?** You overhear Esteban talking to one of his friends on the phone. Is he talking about activities in which he is included or activities of other people? Indicate which by marking the appropriate box.

	Esteban y otros	Otros
1.	☐	☐
2.	☐	☐
3.	☐	☐
4.	☐	☐
5.	☐	☐
6.	☐	☐
7.	☐	☐
8.	☐	☐
9.	☐	☐
10.	☐	☐

CH **Vacaciones en Puerto Rico.** Would you like to visit San Juan? First read the statements below. Then listen to the advertisement and indicate whether each statement is **C (cierto)** or **F (falso).** Listen again to verify your answers.

C F 1. Hace mal tiempo todo el año en San Juan.

C F 2. Hay iglesias y monumentos en San Juan.

C F 3. San Juan no tiene parques.

C F 4. Hay muchas oportunidades para ir de compras.

C F 5. Los turistas nunca salen de noche.

C F 6. Los turistas van a conciertos de música rock.

C F 7. Nadie va a conciertos de música latina.

C F 8. Para más información, tienes que llamar por teléfono.

D **Bienvenidos.** Sra. Rosas is interviewing a new exchange student at a Spanish Club meeting. Read the statements below, listen to the conversation, and then circle the letter of the phrase that best completes each statement. Listen to the conversation again to verify your responses.

1. Perla es de . . .

   a. Sudamérica.

   b. Estados Unidos.

   c. Centroamérica.

2. Cuando hace buen tiempo, Perla . . .

   a. sale con sus amigas.

   b. visita a sus amigos.

   c. practica el piano.

3. A Perla le gusta . . .

   a. practicar deportes.

   b. ver televisión.

   c. escuchar la radio.

4. Perla va de compras cuando . . .

   a. hace sol.

   b. llueve.

   c. nieva.

5. Durante los fines de semana, Perla . . .

   a. pasea por el parque.

   b. nunca practica deportes.

   c. sale a comer.

E **En el autobús.** In a bus, you overhear bits and pieces of various conversations. Indicate whether the comments you hear are positive or negative by circling the appropriate symbol.

1. +   −
2. +   −
3. +   −
4. +   −
5. +   −
6. +   −
7. +   −
8. +   −

Nombre _____

Fecha _____

¡DIME!
UNO

UNIDAD 3
LECCIÓN 3

¡A ESCUCHAR!

Pronunciación y ortografía

La ortografía: j/g y k/c/q

F You learned in the previous lesson that the **[j]** sound may be written in Spanish as **j** or as **g** before **i** or **e**. Listen to the following words that contain the **[j]** sound. Then repeat each word when the speaker reads the list again.

Japón	a**j**o
Juanita	**g**igante
jota	**g**eología
José	**g**ente
Jorge	**g**eneral

G As you listen to the speaker pronounce the following words, fill in the missing letter: **j** or **g**.

1. _____ ardín
2. _____ eografía
3. _____ ugar
4. _____ imnasio
5. _____ oven

6. hi _____ a
7. _____ eneral
8. _____ ueves
9. _____ ente
10. dibu _____ o

H Some words have the letter **j** before **e** or **i**. The spelling of these words must be memorized. Repeat the following words after the speaker and notice their spelling.

mu**j**er	**j**ersey
jefe	**j**irafa

I You have learned that, in Spanish, when the letter **g** comes before **e** or **i**, it is pronounced like the English sound *[h]*. When the letter **g** comes before a consonant or the vowels **a, o, u,** it is pronounced like the English *g* in the word *go*. Listen to the following words with both **g** sounds. Then repeat each word when the speaker reads the list again.

grande	**g**eometría
domin**g**o	**g**imnasio
Guillermo	**g**eneral
gusto	má**g**ico
gato	a**g**ente

J Now listen to the following words and indicate whether the letter **g** in each word is pronounced like the English *[h]* sound in the word *hot* or like the English *[g]* sound in the word *go.*

	like English [h]	*like English [g]*		*like English [h]*	*like English [g]*
1.	☐	☐	6.	☐	☐
2.	☐	☐	7.	☐	☐
3.	☐	☐	8.	☐	☐
4.	☐	☐	9.	☐	☐
5.	☐	☐	10.	☐	☐

K In order for the **g** before **e** or **i** to have the *[g]* sound in the English word *go,* the Spanish word must be spelled with a silent **u** after the **g**. Listen to the speaker pronounce the following words, and notice whether they are spelled **ge/gue** or **gi/gui**. Then repeat the words after the speaker.

1. gente
2. Miguel
3. Argentina
4. inteligente
5. guitarra
6. alguien
7. generoso
8. geografía
9. exigente
10. gimnasio
11. geometría
12. Guillermo

L In the previous lesson you learned that the **[k]** sound in Spanish may be written as **c, qu,** or **k.**

1. The **[k]** sound before the letters **a, o, u** and before consonants is written as **c.**

2. Before the letters **e** or **i**, this sound is written as **qu.**

3. It is written as **k** only in words borrowed from other languages, such as **kilo, kilómetro,** and **kindergarten.**

Listen to the following words with the **[k]** sound. Then repeat each word when the speaker reads the list again.

casa	**c**lase	**qu**ien	**qu**ímica
comida	tra**c**tor	**qu**e	Ri**qu**i
cuál	**c**arta	a**qu**í	bos**qu**e

LL As you listen to the speaker pronounce the following words, fill in the missing **c** or **qu** as appropriate.

1. _____ uál
2. bos _____ e
3. _____ asa
4. Ri _____ i
5. _____ omida
6. a _____ í
7. _____ ultura
8. _____ ién
9. en _____ anta
10. _____ ímica

A **Los chicos corren.** These people are involved in various activities. Tell what they are doing by completing each sentence with the appropriate form of the verb.

1. Jorge y Carlos _leen_ (leer) una novela.

2. Martín y Clara _sube_ (subir) a las lanchas.

3. Nosotros _estudiamos_ (estudiar) francés.

4. Alicia y Paquita _comen_ (comer) al aire libre.

5. Carolina y Patricia _escriben_ (escribir) cartas.

6. Uds. _Tomes_ (tomar) refrescos.

7. Isabel y yo _escuchamos_ (escuchar) la radio.

8. Julio y Susana _bailan_ (bailar) bien.

9. Ellas _pasean_ (pasear) por el parque.

10. Los chicos _corren_ (correr) mucho.

11. Los profesores _califican_ (calificar) exámenes.

12. Ramón y yo _esperamos_ (esperar) el autobús.

13. Sara y tú _____ (ir) de compras.

14. Las chicas _____ (ver) un video.

15. Claudia y Pablo _compran_ (comprar) discos.

B

¿Qué hacen? Your friends say they do many different activities in the evening. Ask them if they do the following things.

MODELO *hablar por teléfono*
¿Hablan ustedes por teléfono?

No hacemos eso. Your friends said they are not doing any of the things that you asked them. How did they respond?

MODELO **No, no hablamos por teléfono.**

1. escuchar música popular

   ¿Escuchan ustedes música popular?

   No, no escuchamos música popular

2. ir de compras

   ¿Van ustedes de compras?

   No, no vamos de compras.

3. comer en un café mexicano

   ¿Comen ustedes en un café mexicano?

   No, no comen en un café mexicano

4. alquilar un video

   ¿Alquilan ustedes un video?

   No, no alquilamos un video.

5. ver una película romántica

   ¿Van ustedes una película romántica?

   No, no vamos una película romántica

6. escribir cartas

   ¿Escriben ustedes cartas?

   No, no escribamos cartas

7. salir con los padres

   ¿Salen ustedes con los padres?

   No, no sales con los padres.

8. bailar en una fiesta

   ¿Bailan ustedes en una fiesta?

   No, no bailes en una fiesta

9. pasear en bicicleta

   ¿Pasean ustedes en bicicleta?

   No, no paseamos en bicicleta

C **Los sábados comemos pizza.** Often the day of the week determines our activities. Write 2 or 3 things that you and your friends or family usually do on each day of the week.

1. **Los domingos**

   Los domingos visitamos grandma, miramos la televisión, y escuchan música.

2. **Los lunes**

   Los lunes estudiamos, y hacer la tarea

3. **Los martes**

   Los martes estidiamos, y descansan.

4. **Los miércoles**

   Los miércoles, subamos el montaña rusa, y comer pizza.

5. **Los jueves**

   Los jueves leer el periódico y trabajamos mucho

6. **Los viernes**

   Los viernes hablamos con mis amigos y limpeamos la casa.

7. **Los sábados**

   Los sábados descansamos y voy al cine.

Miran a la gente en . . . Some activities are more appropriate to certain locations than to others. Write what activities you and your friends do in the places pictured.

1. Mis amigos y yo _estudiamos, lecer la tarea, y lean en la biblioteca._

2. Mi amiga [*nombre*] y yo _escuchan musica, y miran la television en la casa._

3. Tú _escuches musica, hablar con mis amigos, y comer en la casa._

4. Mi amiga [. . .] _____

_____

5. Mis amigos [. . .] y [. . .] _jugar deportes en el parque._

_____

6. Yo _comer y hablar con mis amigas en el restaurante._

© D.C. Heath and Company

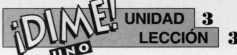

D **¿Con qué frecuencia?** We all do some activities more frequently than others. Tell how often you do each of these activities.

Vocabulario útil:

todos los días	siempre
los fines de semana	nunca
frecuentemente	a veces
los sábados	raras veces

EJEMPLO *escribir cartas*
Nunca escribo cartas. o
Escribo cartas a veces.

1. comer pizza

   Comer pizza a veces.

2. escuchar música rock

   Escuchar musica rock siempre.

3. ver un video

   Ver un video a veces.

4. estudiar español

   Estudiar español todos los dias.

5. limpiar la casa

   Limpiar la casa raras veces.

6. pasear en bicicleta

   Pasear en bicileta raras veces.

7. hablar con amigos

   Hablar con amigos todos los dias.

8. preparar la comida

   Prearar la comida nunca

¿Es verdad? There are many things happening in this picture. Read each of the following statements. If a statement is inaccurate, correct it. If it is accurate, write **Bien**. When you finish each item, write the corresponding number in the drawing, next to the action described. The first one has been done for you.

1. Alguien lee un libro. **Bien.**

2. Nadie pasea en bicicleta. _Ricardo pasea bicicleta_

3. No hay nada en el lago. _la lancha en el lago_

4. Alguien escucha la radio. _Bien_

5. Hay algo en el jardín zoológico. _Bien_

6. Alguien está en la lancha. _bien_

7. Nadie corre por el parque. _alguien corre por el parque_

8. Nadie lee el periódico. _alguien lee el periódico_

9. Nadie come nada. _alguien come nada._

10. Nadie trabaja. _alguien trabaja_

11. Nadie sube a la montaña rusa. _Alguien sube a la montaña rusa._

12. Alguien bebe un refresco. _Bien_

F   **Nadie compra nada.** Think about your friends and their usual activities. Tell if one of them does the following activities or not.

MODELO   *comprar algo en la tienda*

nolody —.   **Nadie compra nada en la tienda.** o

ronelbdy —   **Alguien compra algo en la tienda.**

1. preparar algo para comer

   Nadie preparar algo para comer.

2. leer una novela romántica

   Nadie leer una novela romántica

3. beber algo

   alguien beber algo.

4. trabajar en un restaurante

   Alguien trabajar en un restaurante.

5. limpiar la casa

   Nadie limpiar la casa

6. calificar exámenes

   Nadie calificar examenes.

7. comer pizza

   Alguien comer pizza

8. estudiar algo

   Alguien estudiar algo

9. ir a un museo

   Nadie va a un museo

10. alquilar videos

    alguien alquilar vídeos

In this lesson you learned to name more activities, negative and indefinite words, expressions of frequency, and more. Complete these categories with the new Spanish words and phrases you learned.

Diversiones

_____   _____

_____   _____

_____   _____

_____   _____

_____   _____

Frecuencia

_____   _____

_____   _____

_____   _____

_____   _____

_____   _____

Palabras negativas e indefinidas

_____   _____

_____   _____

_____   _____

_____   _____

Palabras y expresiones

_____   _____

_____   _____

_____   _____

_____   _____

Nombre _____

Fecha _____

¡DIME!
UNO

UNIDAD **3**
LECCIÓN **3**

¡A JUGAR Y PENSAR!

A **El tiempo.** Somehow the weather report for the local radio station became jumbled in the computer. The weather reporter was finally able to figure out what had happened. Numbers were substituted for letters in part of each sentence. Using the following code, can you complete these sentences of the weather report?

1 = a	6 = b	11 = g	16 = m	21 = r	26 = x
2 = e	7 = c	12 = h	17 = n	22 = rr	27 = y
3 = i	8 = ch	13 = j	18 = ñ	23 = s	28 = z
4 = o	9 = d	14 = l	19 = p	24 = t	
5 = u	10 = f	15 = ll	20 = q	25 = v	

Hoy es el 19 21 3 16 2 21 4   9 2   17 4 25 3 2 16 6 21 2.

_____

En Madrid hoy 12 1 7 2   10 21 3 4.

_____

12 1 7 2   23 4 14 en San Juan, Puerto Rico.

_____

En San José, Costa Rica, 15 5 2 25 2.

_____

En Panamá, otra vez 12 1 7 2   7 1 14 4 21.

_____

Hoy en Santiago, Chile, 12 1 7 2   16 1 14   24 3 2 16 19 4.

_____

Pero 12 1 7 2   6 5 2 17   24 3 2 16 19 4 en Asunción, Paraguay.

_____

12 1 7 2   16 5 8 4   25 3 2 17 24 4 en La Paz, Bolivia.

_____

Hoy en Lima, Perú, 12 1 7 2   10 21 2 23 7 4.

_____

Pero en Chicago, Illinois, 17 3 2 25 1.

_____

15 stamps, should have on ISS D & E &
17 Not

15/17   115/120

A **Mi familia.** Hortensia is describing two photos of family members. As you hear each statement, write the letter corresponding to the person described. You will hear the descriptions only once.

MODELO   You hear: *Aquí estoy yo. Soy la única rubia de la familia.*
Todos los otros son morenos.

You write: **ch**

1. _b_   6. _g_
2. _a_   7. _f_
3. _e_   8. _j_
4. _c_   9. _i_
5. _d_   10. _h_

B **Mi escuela.** Paco is showing a cousin around his school. Listen to what Paco says and indicate whether the things he mentions pertain to him or to other people. Mark the appropriate column. You will hear each statement only once.

MODELO You hear: *Ésta es nuestra escuela. Es muy grande, ¿no?*
You mark: **de Paco**

	de Paco	de otros
1.	☑	☐
2.	☐	☑
3.	☐	☑
4.	☑	☐
5.	☐	☑
6.	☑	☐
7.	☑	☑
8.	☐	☑
9.	☑	☐
10.	☐	☑

C **Inventario.** You are taking inventory with a friend in a school bookstore where you both work. Complete the form according to the numbers your friend gives you.

MODELO You hear: *Hay treinta y cuatro cajas de tiza.*
You write: **34** cajas de tiza

_____	lápices
_____	diccionarios
_____	reglas
_____	borradores
_____	cuadernos
_____	carpetas
_____	diccionarios bilingües
_____	bolígrafos
47	paquetes de papel
52	calendarios
34	cajas de tiza

CH **Censo.** A census taker is interviewing Sr. Padilla. As you listen to the conversation, complete the form with the names of the other household members and any additional information pertaining to them. You will hear the interview only once.

CENSO

Dirección: **Avenida Robles, 63, Apto 3**

Nombre: **Padilla Villegas, Agustín**

Edad: **54** _____ Fecha de Nacimiento **28 de febrero**

Personas en la casa	Relación	Edad	Fecha de Nac.
ana	esposa	49	2 august
martin	ejo	23	15 octobe
Bora	eja	17	2 enero
madre	madre	72	19 march

D **Una familia mexicana.** Adriana is going to visit her Mexican friend, Raquel. In preparation, Raquel has sent Adriana a cassette in which she describes her family. As you listen to Raquel's description, fill in the missing names on the family tree.

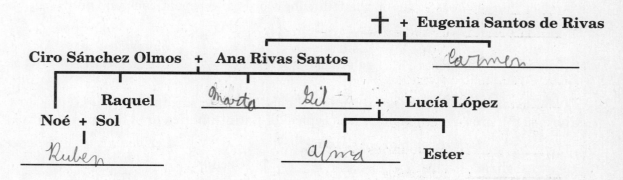

† + **Eugenia Santos de Rivas**

Carmen

Ciro Sánchez Olmos + **Ana Rivas Santos**

Raquel   Marta   Gil + **Lucía López**

Noé + Sol

Ruben   alma   **Ester**

Dedicaciones. Several people are being congratulated on the radio. Before listening to the broadcast, read the statements below. Then listen and indicate whether each statement is **(C) cierto** or **(F) falso.** Listen again to verify your answers.

C (F) **1.** La fecha es el 13 de junio.

(C) F **2.** Es un día especial para las personas que se llaman Enrique.

C (F) **3.** Es un día especial para las personas que se llaman Enriqueta.

C (F) **4.** Enrique Rojas cumple años mañana.

(C) (F) **5.** Enrique también se llama Quique.

C (F) **6.** La familia Peña le manda saludos a Enrique Rojas.

C (F) **7.** Los amigos de Enriqueta le dedican una canción.

(C) F **8.** Quico Flores es estudiante.

C (F) **9.** Es el cumpleaños de Quico Flores.

Pronunciación y ortografía

La pronunciación de las letras s, z, ci y ce.

The letters **s, z,** and **c** (before the vowels **i** or **e**) all have the same sound in Latin American Spanish. Listen to the following words and repeat each one after you hear it said twice.

esposo	cosa	placer	difícil	zoológico
secreto	subir	centro	diez	quizás

Spaniards pronounce the letters **z** and **c** (before the vowels **i** or **e**) like the *th* sound of *thin* or *they*. Listen to the following words and repeat each one after you hear it said twice.

cien	cocinero	Rodríguez	vez	dieciséis
cinco	empezar	silencio	veces	dramatizaciones

As you listen to the speakers pronounce the following words, indicate whether the pronunciation of each is typical of Latin America or of Spain.

		Latinoamérica	*España*			*Latinoamérica*	*España*
1.	especializado	☑	☐	**7.** Cecilia		☑	☐
2.	Mercedes	☐	☑	**8.** conozco		☐	☑
3.	necesario	☐	☑	**9.** abrazo		☑	☐
4.	Velázquez	☑	☐	**10.** diecisiete		☑	☐
5.	Patricia	☑	☐	**11.** pizarra		☐	☑
6.	felices	☐	☑	**12.** celebración		☐	☑

Nombre _Jordan Livingston_

Fecha _02/02/98_

¡DIME!
UNO

UNIDAD 4
LECCIÓN 1

¡A ESCRIBIR!

A **La familia Solano.** Describe the relationships of these members of the Solano family to the others.

Eduardo   Alicia

Gloria   Roberto   Estela   Raúl

Jorge   Ana   David   Patricia

MODELO   *Eduardo: Alicia / Roberto y Estela*
Eduardo es el esposo de Alicia y el padre de Roberto y Estela.

1. Roberto: Eduardo y Alicia / Gloria _Roberto es el hijo de Eduardo y alicia y el esposo de Gloria._

2. Estela: Eduardo y Alicia / Raúl _Estela es la hija de Eduardo y alicia y la esposa de Raúl._

3. Ana: Jorge y David / Estela y Raúl _ana es la hermana de Jorge y David, y la prima de Estela y Raúl._

4. Patricia: Jorge, Ana y David / Roberto y Gloria _Patricia es la prima de ana y David y la sobrina de Roberto y Gloria._

5. David: Eduardo y Alicia / Jorge y Ana _David es el nieto de Eduardo y alicia y el hermano de Jorge y ana._

B **Su hermana es Ana.** As you can see from his family tree in exercise A, David has many relatives. Complete the following sentences with the appropriate relationships.

MODELO   Estela y Raúl son **sus tíos.**

1. Eduardo y Alicia son _sus abuelos_

2. Gloria y Roberto son _sus padres_

3. Jorge y Ana son _sus hermanos_

4. Patricia es _su prima_

5. Estela es _su tía_

Mi familia. Your little sister is trying to understand family relationships. Help her by completing each sentence with the appropriate relationship.

MODELO   El hijo de mi tío es **mi primo.**

1. La madre de mi padre es _mi abuela._
2. El hijo de mis padres es _mis hermans._
3. El hermano de mamá es _mi tío_
4. La hija de mis tíos es _mi prima._
5. El padre de mi madre es _mi abuelo._
6. La mamá de mi prima es _mi tía_

CH

Es mi libro. The people in the illustration own various things. Tell who owns each of these items, using possessive adjectives.

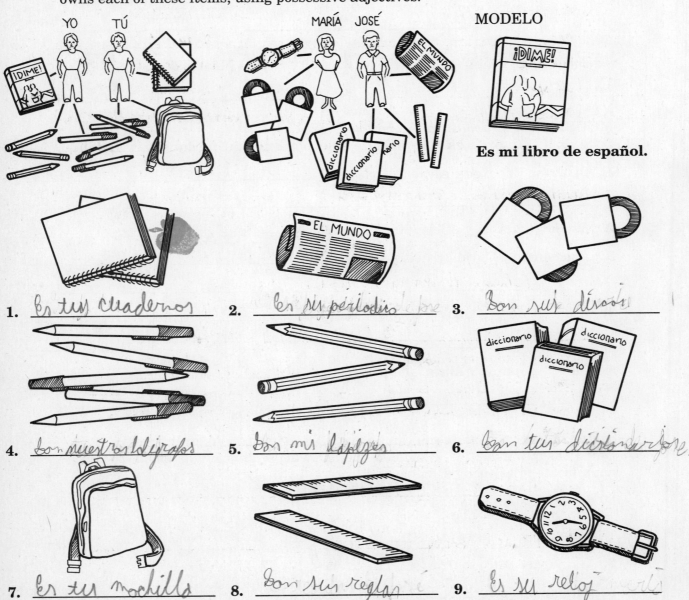

YO   TÚ   MARÍA   JOSÉ   MODELO

Es mi libro de español.

1. _Es tus cuadernos_   2. _Es su periódico_   3. _Son sus discos_

4. _Son nuestros tijeras_   5. _Son mis lápizes_   6. _Son tus diccionarios_

7. _Es tu mochilla_   8. _Son sus reglas_   9. _Es su reloj_

Nombre _jordan Livingston_

Fecha _02/10/98_

¡DIME! UNO

UNIDAD 4
LECCIÓN 1

¡A ESCRIBIR!

D **Sí, es mi mochila.** Students have left many things in the classroom. The teacher isn't sure whose they are. Answer the teacher's questions.

MODELO ¿Es la mochila de Carlos? (No)
No, no es su mochila.

1. ¿Es el lápiz de David? (Sí)
   Si es su lápiz

2. ¿Son los diccionarios de Ana y Ema? (No)
   No no son sus diccionarios

3. ¿Es tu cuaderno? (Sí)
   Si es mi cuaderno

4. ¿Es el reloj de Miguel? (No)
   No, no es su reloj

5. ¿Son los bolígrafos de ustedes? (Sí)
   Si son nuestros bolígrafos

6. ¿Son las reglas de Rodrigo? (No)
   No, no son sus reglas

7. ¿Son mis carpetas? (Sí)
   Si son tus carpetas

8. ¿Es el libro de Julia? (No)
   No no es su libro

9. ¿Son las piñatas de Patricia? (Sí)
   Si son sus piñatas

10. ¿Es el video del Sr. Carmona? (No)
    No, no es su video

E **Nuestra escuela es . . .** You and your best friend are discussing your school with a student from another school. How do you both respond to his questions?

MODELO Mi escuela es grande. ¿Y su escuela?
Nuestra escuela no es grande; es pequeña.

1. ¿Es moderna su escuela?
   Nuestra escuela no es moderna; es vieja.

2. ¿Son exigentes sus profesores?
   Si los profesores son inteligentes.

3. Los estudiantes en nuestra escuela son inteligentes. ¿Y en su escuela?
   Nuestra escuela no inteligente es muy tonto.

4. ¿Cuántos profesores hay en su escuela?
   Hay noventa profesores.

5. ¿Cómo es su escuela?
   _Nuestra escuela es bien ___

F **El número cuarenta y cinco.** The Spanish Club is raffling a piñata. Write out the numbers of the tickets that these people have.

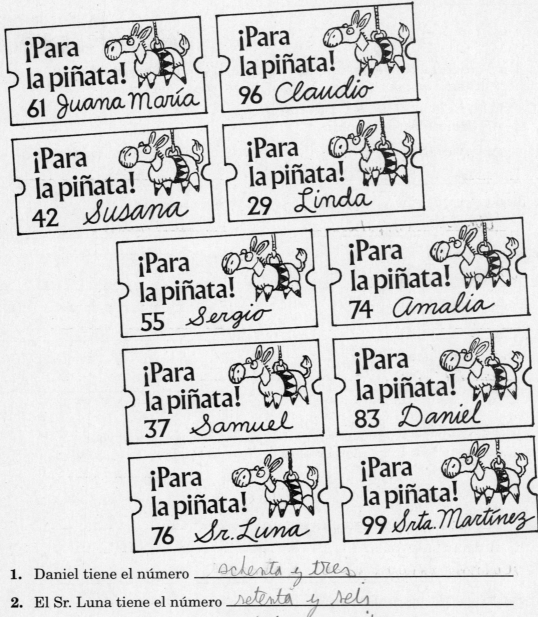

¡Para la piñata! 61 Juana María

¡Para la piñata! 96 Claudio

¡Para la piñata! 42 Susana

¡Para la piñata! 29 Linda

¡Para la piñata! 55 Sergio

¡Para la piñata! 74 Amalia

¡Para la piñata! 37 Samuel

¡Para la piñata! 83 Daniel

¡Para la piñata! 76 Sr. Luna

¡Para la piñata! 99 Srta. Martínez

1. Daniel tiene el número _ochenta y tres_
2. El Sr. Luna tiene el número _setenta y seis_
3. Samuel tiene el número _treinta y siete_
4. Juana María tiene el número _sesenta y uno_
5. La Srta. Martínez tiene el número _noventa y nueve_
6. Susana tiene el número _cuarenta y dos_
7. Linda tiene el número _veinte y nueve_
8. Sergio tiene el número _cincuenta y cinco_
9. Amalia tiene el número _setenta y cuatro_
10. Claudio tiene el número _noventa y seis_

¡A ESCRIBIR!

G **Tiene cincuenta años.** Do you know the exact age of these people and things? If not, guess. Write out all numbers.

1. ¿Cuántos años tiene tu amigo(a)?

    tiene _once_

2. ¿Cuántos años tiene tu papá?

    ti_ene cincuenta, y dos_

3. ¿Cuántos años tiene tu abuelo?

    tiene _noventa_

4. ¿Cuántos años tiene tu mamá?

    tiene _cuarenta y cuatro_

5. ¿Cuántos años tiene la escuela?

    Tiene cuarenta

6. ¿Cuántos años tiene el libro de español?

    tiene _Unos años_

7. ¿Cuántos años tiene el coche de tu papá?

    tiene _Uno años_

8. ¿Cuántos años tiene tu hermano(a)?

    tiene _trece_

9. ¿Cuántos años tienes tú?

    tengo _once_

10. ¿Cuántos años tiene tu perro o gato?

    tiene _cinco_

H

Es el primero de marzo. Some Spanish-speaking people are named for the saint on whose feast day they were born. Tell when each of these people celebrate their birthdays.

MODELO Emilia

El cumpleaños de Emilia es el cinco de abril.

---

*a*bril

1 Sta. Jaquelina
2 Sta. Ofelia
3 San Sixto
4 San Isidoro
5 Sta. Emilia
6 San Timoteo
7 San Juan Bautista
8 San Alberto
9 Sto. Tomás
10 San Ezequiel
11 Ntra. Sra. de la Piedad
12 San Andrés
13 San Martín
14 San Lamberto
15 Sta. Anastasia

*j*unio

1 San Segundo
2 San Erasmo
3 Sta. Olivia
4 San Rutilo
5 Sta. Eloisa
6 San Norberto
7 San Pablo Obispo
8 San Maximino
9 San Feliciano
10 San Getulio
11 Sta. Rosalina
12 San Nazario
13 San Antonio de Padua
14 San Rufino
15 San Vito

*a*gosto

1 San Alfonso
2 Ntra. Sra. de los Ángeles
3 San Nicodemus
4 San Aristarco
5 San Osvaldo
6 San Esteban
7 San Cayetano
8 Sto. Domingo de Guzmán
9 San Román
10 San Lorenzo
11 Sta. Clara
12 San Fortino
13 San Hipolito
14 San Calixto
15 La Asunción de María Santísima

---

1. Jaquelina

el cumpleaños el primero de abril

2. Lorenzo

diez de agosto

3. Esteban

seis de agosto

4. Olivia

tres de junio

5. Martín

trece de abril

6. Clara

once de agosto

7. Timoteo

seis de abril

8. Tomás

nueve de abril

Nombre _____

Fecha _____

¡DIME! UNO

UNIDAD 4
LECCIÓN 1

VOCABULARIO PERSONAL

In this lesson you learned names for family members, the numbers from 30 to 100, how to show possession, and much more. Complete the following categories with the Spanish words and phrases that you learned.

La familia

_____   _____

_____   _____

_____   _____

_____   _____

_____   _____

_____   _____

_____   _____

_____   _____

_____   _____

_____   _____

_____   _____

_____   _____

_____   _____

Nombres

_____   _____

_____   _____

_____   _____

_____   _____

Los meses

_____   _____
_____   _____
_____   _____
_____   _____
_____   _____
_____   _____

Cumpleaños

_____   _____
_____   _____
_____   _____
_____   _____
_____   _____

Palabras y expresiones

_____   _____
_____   _____
_____   _____
_____   _____
_____   _____
_____   _____

Posesión

_____   _____
_____   _____
_____   _____

Números

_____   _____
_____   _____
_____   _____
_____   _____
_____   _____
_____   _____

Nombre _Jordan Livingston_

Fecha _02/18/98_

¡DIME!
UNO

UNIDAD 4
LECCIÓN 1

¡A LEER!

Antes de empezar

1. How would you define *family*? What is a family in your opinion?

Family is everyone who is related to you by blood or marriage.

2. List all the cognates you recognize in the following reading. Give their English equivalents.

familia	family
differentes	different
Estados Unidos	United States
consideran	consider
nucleo	nuclear
nescesario	necessary
universidad	university

LECTURA

Now read the article on the following page and answer the questions that follow.

El núcleo familiar

El concepto de la familia es diferente en cada cultura. En Estados Unidos, por ejemplo, cuando hablamos de la familia, hablamos de los padres y los hijos. Los abuelos, tíos y primos, por lo general, no se consideran parte del núcleo familiar.

En los países hispanos, en cambio, la familia siempre incluye a los padres, a los hijos y también a los abuelos, los tíos y los primos. Todos son parte del núcleo familiar y muchas veces viven en la misma casa.

Los jóvenes hispanos casi siempre viven con sus padres hasta los veinticinco o treinta años. Para ellos no es necesario salir de la casa de sus padres para ser independientes. Normalmente, viven con sus padres hasta entrar en la universidad o hasta casarse.

Verifiquemos

A

Indica si estos comentarios son **(C) ciertos** o **(F) falsos**. Si son falsos, corrígelos.

C   F   **1.** En Estados Unidos, la familia usualmente consiste en los padres y los hijos.

_____

C   F   **2.** En las familias hispanas los tíos, los primos y los abuelos siempre viven en una casa.

_____

C   F   **3.** En Estados Unidos los jóvenes siempre viven con sus padres hasta casarse.

_____

_____

C   F   **4.** Los jóvenes hispanos necesitan vivir solos en un apartamento para ser independientes.

_____

_____

C   F   **5.** En las familias hispanas, es normal que una persona de treinta y cinco años viva en la casa de sus padres.

_____

B

En tu opinión, ¿es importante vivir solo para ser independiente? ¿Por qué?

_____

_____

_____

_____

_____

Nombre _Jordan Livingston_

Fecha _02/25/98_

¡DIME!
UNO

UNIDAD 4
LECCIÓN 2

¡A ESCUCHAR!

A **Adriana contesta.** Now Adriana has sent a cassette describing her family to Raquel, her friend in Mexico. As you listen to Adriana's description, fill in the missing names on the family tree.

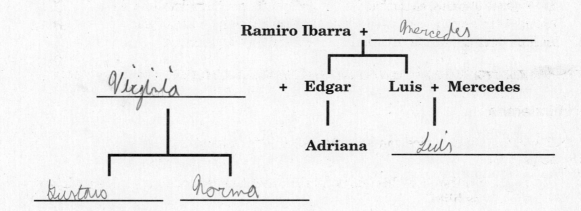

Ramiro Ibarra + _Mercedes_

Virginia

\+ **Edgar** **Luis** + **Mercedes**

Adriana _Luis_

Gustavo _Norma_

B **Ofertas de ayuda.** People of various professions are offering their services to help reconstruct the community after an earthquake. As you listen to each announcement, write the letter of the symbol which represents the profession mentioned.

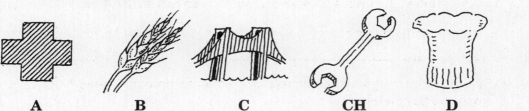

A **B** **C** **CH** **D** **E**

1. _CH_
2. _E_
3. _A_
4. _B_
5. _C_

Por teléfono. Joaquín and Víctor are talking on the phone. Before listening to their conversation, read the answer choices below. Then listen and circle the letter of the best completion for each statement. Listen again to verify your answers.

1. Joaquín y Víctor van a estudiar . . .

    a. matemáticas.

    b. música.

    c. historia.

    ch. computación.

2. Joaquín y Víctor van a estudiar . . .

    a. esta mañana.

    b. esta tarde.

    c. esta noche.

    ch. mañana.

3. Van a estudiar en . . .

    a. casa de Víctor.

    b. casa de Joaquín.

    c. la escuela.

    ch. la biblioteca.

4. Víctor no conoce . . .

    a. la escuela de Joaquín.

    b. a la hermana de Joaquín.

    c. la casa de Joaquín.

    ch. a, b y c.

5. Joaquín siempre va a casa . . .

    a. con Víctor.

    b. solo.

    c. con su prima.

    ch. a, b y c.

6. Víctor quiere conocer . . .

    a. la biblioteca.

    b. a la prima de Joaquín.

    c. el colegio de Joaquín.

    ch. la clase de Joaquín.

Nombre _Jordan Livingston_

Fecha _02/25/98_

¡DIME! UNO

UNIDAD **4**
LECCIÓN **2**

¡A ESCUCHAR!

CH **Encuesta.** First read the telephone survey questions below. Then listen to Sra. Rivera answer the questions, and write the response number next to the corresponding question. Listen again to verify your answers.

___3___ ¿Cuántos años tienen sus hijos?

___6___ ¿A qué centro comercial va usted de compras?

___5___ ¿Cuál es su profesión?

___1___ ¿Cuántas personas hay en su familia?

___8___ ¿Qué restaurante le gusta cuando sale a comer?

___2___ ¿Quiénes son?

___4___ En su familia, ¿quiénes trabajan?

___7___ ¿Dónde compra usted libros?

D **Profesionales.** You will hear a radio interview with two professional people. First read the statements below. Then as you listen to the interview, indicate whether each statement is **(C) cierto** or **(F) falso.** Listen again to confirm your answers.

C	**(F)**	**1.**	Alonso escribe poemas para el periódico.
(C)	F	**2.**	Flora es mujer de negocios.
C	**(F)**	**3.**	Alonso es viudo.
(C)	F	**4.**	La vida de Alonso es tranquila.
C	**(F)**	**5.**	Alonso vive en la ciudad.
C	**(F)**	**6.**	Flora tiene dos hijas.
(C)	F	**7.**	Flora va al trabajo a las nueve.
C	**(F)**	**8.**	A Alonso no le gusta su horario.
(C)	F	**9.**	A veces Alonso trabaja de noche.
C	**(F)**	**10.**	Alonso y Flora trabajan juntos.

Pronunciación y ortografía

La entonación de preguntas

E There are several ways to form questions in Spanish, and the intonation varies according to the pattern used. In tag questions, the voice rises on the "tag word," **¿verdad?** or **¿no?** Listen to the following tag questions, and repeat each one after you hear it said twice.

Eres colombiano, ¿verdad?   Lola canta muy bien, ¿no?

Vamos al cine, ¿no?   No hay examen hoy, ¿verdad?

No vienes aquí mucho, ¿verdad?   Mañana es el cumpleaños de Noé, ¿verdad?

F The voice generally rises at the end of *yes/no* questions. Listen to the following questions and repeat each one after you hear it said twice.

¿Vas a la fiesta?   ¿Conoce usted a mi primo Jacinto?

¿Quieres bailar conmigo?   ¿Vamos al restaurante después del concierto?

¿No le gusta el helado?   ¿Es simpática la hermana de Rosario?

G Information questions have the same intonation as declarative sentences. The voice falls, rather than rises, at the end. To help you see this similarity in intonation, you will hear a series of questions and answers. First listen, then repeat each pair.

¿Cuándo vienes a mi casa?   ¿Por qué no vamos al cine?
Voy después de las clases.   Porque tengo que limpiar la casa.

¿De dónde es Julio?   ¿Cuál es la fecha hoy?
Es de México.   Es el ocho de diciembre.

H You will hear ten questions. Indicate whether each one is a tag question, a *yes/no* question, or an information question.

	tag	yes/no	information
1.	☐	☐	☑
2.	☑	☐	☐
3.	☑	☐	☐
4.	☐	☑	☐
5.	☐	☑	☐
6.	☐	☐	☑
7.	☐	☑	☐
8.	☐	☐	☑
9.	☑	☐	☐
10.	☐	☑	☐

A   **La familia de Juanita.** With the marriage of her father to Belinda, Juanita's family has grown. Answer these questions about her family.

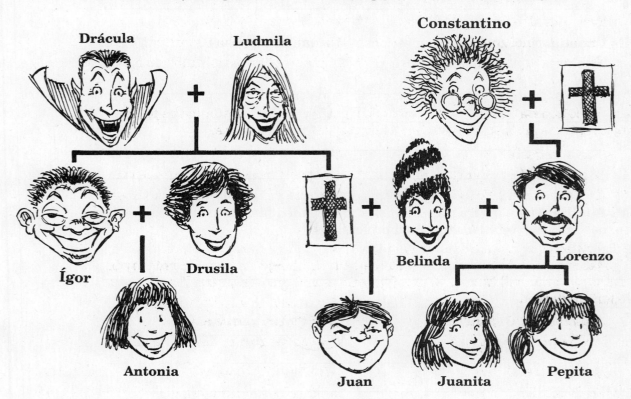

Drácula   Ludmila   Constantino

Ígor   Drusila   Belinda   Lorenzo

Antonia   Juan   Juanita   Pepita

1. ¿Cómo se llama el abuelo de Juanita?

Constantino y Dracula

2. ¿Qué relación hay entre Lorenzo y Juan?

Lorenzo es el padastro de juan

3. ¿Quién es Belinda?

Belinda es la madre de juan

belinda es la nueva esposa de Lorenzo

4. ¿Qué relación hay entre Juanita, Pepita y Juan?

hermanos y hermanas, y hermanastros

5. ¿Cómo se llaman los tíos de Juan?

Igor y Drusila son los tíos de juan

6. ¿Qué relación hay entre Belinda y Juanita?

madre y eja

© D.C. Heath and Company

B **¿Quién es . . . ?** Now write 4 more questions about Juanita's family.

1. Como se llama la abuela de Juanita
2. Como se llaman la primos de Juanita
3. Como se llama el esposa de Ips.
4. Como se llama la madre de Antonita.

C **Es Drusila.** Now answer the questions you wrote in exercise B.

1. Ludmilla
2. Antonita
3. Drusila
4. Drusila

CH **Mi familia.** Write a paragraph about your extended family. Include physical descriptions, relationships, and professions.

En mi familia es mi tia gael, mi tio eyal, mi tio allen, mi abuelo fuller, mi abuela Gertrude. Eyal, Adina, Ini y gal y mi prima karen viven en Israel.

D **Son maestros.** The art teacher created drawings for each of the occupations included on the business teacher's exam. Identify these occupations for the business teacher.

MODELO **Es bombero.**

1. _Es mechanica_

2. _Es artista_

3. _Son maestros_

4. _Son ingeneros_

5. _Es politica_

6. _Son infmeras_

7. _Es programada_

8. _Es cocinero_

9. _Es camarera_

10. _Son reportas_

© D.C. Heath and Company

¿Dónde trabajan? People in different occupations work in different places. Tell where each of these people works.

MODELO La profesora **trabaja en la escuela.**

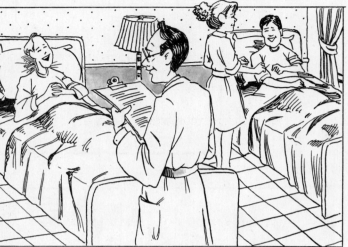

1. El estudiante _escuchar a en la escuela._
2. El camarero _trabaja en el restaurante_
3. El médico _trabaja en el hospital_
4. La cocinera _trabaja en el restarante_
5. La directora _trabaja en la escuela_
6. La enfermera _trabaja en el hospital_
7. El maestro _trabaja en la escuela_
8. El secretario _trabaja en la oficina_

Nombre _Jordan Livingston_

Fecha _02/24/98_

¡A ESCRIBIR!

F **¡Qué horror!** Severino had to describe different professions for homework, but he did a very poor job. Decide whether each sentence below is accurate or inaccurate. If it is inaccurate, correct either the profession or the description.

1. Los reporteros hacen dibujos. _Los artistas hacen dibujos_

2. Los músicos trabajan en el hospital. _Los enfermeras trabajan en el hospital._

3. Los fotógrafos sacan fotos. _____

4. Los secretarios preparan comidas. _Los secretarios trabajan en la oficina_

5. Los dependientes trabajan en la escuela. _Los profesores trabajan en la escuela._

6. Los cocineros tocan música rock. _Los cocineros preparan comidas._

7. Los agricultores cultivan la tierra. _____

8. Los camareros trabajan con computadoras. _Los programadores trabajan con computadoras._

9. Los profesores trabajan en un restaurante. _Los camareros trabajan en un restaurante._

10. Los artistas escriben libros. _Los escritores escriben libros._

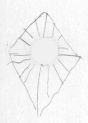

G   **Conozco a Teresa.** At the party you and your friends know some people but don't know others. Tell who knows whom by completing each sentence with the appropriate form of **conocer.**

1. Julia _conocen_ a los chicos mexicanos.

2. Raúl y Silvia no _conocen_ a las chicas morenas.

3. Yo _conozco_ al chico pelirrojo.

4. Tú _conoces_ a la chica alta y muy rubia.

5. Usted no _conoce_ a la chica baja con pelo negro.

6. Nosotros no _conocemos_ a todos.

H   **¿A quién conoces?** It isn't possible for one person to know everyone. Write sentences telling who does or doesn't know the following people.

MODELO   **Elena no conoce al presidente de EE.UU.**

[. . .]		el profesor de inglés
[. . .] y [. . .]		el director de la escuela
nosotros		el presidente de EE.UU.
yo	conocer	mi mamá
los chicos	no conocer	Juan Valdez
tú		la profesora de matemáticas
mis padres		la secretaria de la escuela
		mi amigo

1. _Yo conozco al profesor de inglés._

2. _Tú y yo conozco al director de la escuela_

3. _Nosotros conocemos al presidente de EE. UU._

4. _Yo conozco a mi mamá._

5. _Los chicos no conocen a Juan Valdez_

6. _Tú conoce a la profesora de matemáticas._

7. _Mis padres conocen a la secretaria de la escuela_

8. _Yo conozco a mis amigo._

I   **Quiere un perro.** Julio is making a list of things his family members want as gifts. Help him complete it with forms of **querer.**

1. Patricia y yo _quieren_ un perro.

2. Mamá _quiere_ un diamante.

3. Mi hermanito _quiere_ una bicicleta.

4. Sara y Lisa _quiere_ novelas románticas.

5. Yo _quiero_ una motocicleta.

6. Nosotros _queremos_ un coche elegante.

7. Papá y mamá _quieren_ tomar clases de baile.

8. Mis abuelos _quieren_ unos videos.

Nombre _Jordan Livington_

Fecha _02/26/98_

¡DIME! UNO

UNIDAD **4**
LECCIÓN **2**

¡A ESCRIBIR!

J **Quiere ser artista.** You and your friends and family members probably have different plans for the future. Write what you and others want to be.

MODELO **Mi hermano quiere ser artista.**

1. Mi amigo [. . .]

   Mi amigo quiere ser actor

2. Mi amiga [. . .]

   Mi amiga quiere ser profesora.

3. Yo

   Yo quiero ser programador.

4. Tú

   Tú quieres ser ingenero

5. Mis amigas [. . .] y [. . .] _quieren._

   Mis amigas y tú ser cochrera.

6. Mi hermano / hermana

   Mi hermano quiere ser lombers

K **Ella viene a la una.** The wedding is at 2:00 PM. Members of Paquito's family and friends come for the wedding at different times. Tell when they come.

1. Sus abuelos _vienen_ _a la once_

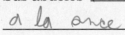

2. Su tío Roberto _viene_ _a la nueve y cuarto_

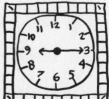

3. Sus primos _vienen_ _a la una menos cuarto_

4. Su papá _viene_ _a la diez._

5. Su madrastra _viene_ _a la seis_

© D.C. Heath and Company

L **¡Otra vez!** Severino wrote answers for his homework but now he can't remember all the questions! Help him by completing each question, based on his answers.

1. ¿ _Como_ se llama el autor de *Don Quijote*?
   Se llama Miguel de Cervantes.

2. ¿ _Cuando_ es su cumpleaños?
   Es el nueve de octubre.

3. ¿ _Quiénes_ son los personajes de *Don Quijote*?
   Son Don Quijote, Sancho Panza y Dulcinea.

4. ¿ _De donde_ es Don Quijote?
   Es de la Mancha.

5. ¿ _Donde_ está la Mancha?
   Está en España.

6. ¿ _Como_ es Don Quijote?
   Es alto y viejo.

7. ¿ _Adonde_ van Don Quijote y Sancho Panza?
   Van al castillo.

8. ¿ _Porque_ van al castillo?
   Van porque Don Quijote quiere ser caballero.

9. ¿ _Cuantos_ aventuras tiene Don Quijote?
   Tiene muchas.

10. ¿ _Como_ es el libro?
    Es muy interesante.

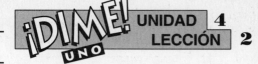
In this lesson you learned more names of family members, the names for occupations, how to ask questions, and more. Complete the following categories with the appropriate Spanish words and phrases that you learned.

Palabras interrogativas

_____   _____

_____   _____

_____   _____

_____   _____

_____   _____

Profesiones

_____   _____

_____   _____

_____   _____

_____   _____

_____   _____

_____   _____

_____   _____

_____   _____

_____   _____

Parientes

_____   _____

_____   _____

_____   _____

_____   _____

_____   _____

Bodas

_____   _____

_____   _____

_____   _____

_____   _____

_____   _____

Verbos

_____   _____

_____   _____

_____   _____

_____   _____

_____   _____

_____   _____

Palabras y expresiones

_____   _____

_____   _____

_____   _____

_____   _____

_____   _____

Antes de empezar

1. What information do you expect to find in a job advertisement? List what you consider essential and what you think should be mentioned but is not absolutely necessary.

   Location, position needed, type of work pay,
   company information and policies, hours, necessary
   experience

2. Of the professions listed below, write a **U** by those you think will require a university degree, a **T** by those you think will require trade school training, and a **DN** by those you think will require a willingness to work days and nights.

   _U_ abogado(a)   _T DN_ cocinero(a)   _U DN / T_ médico(a)

   _U_ programador   _T U DN_ enfermero(a)   _T_ secretario(a) ejecutivo(a)

LECTURA

Read the **Verifiquemos** questions below and then find the answers in the advertisements on the next page.

Verifiquemos

1. El empleo que no requiere experiencia es . . .

   a. secretaria ejecutiva.

   b. enfermera.

   c. programador.

   ch. cocinero.

2. Es necesario saber computación para ser . . .

   a. secretaria ejecutiva.

   b. enfermera.

   c. programador.

   ch. cocinero.

3. Los empleos que requieren dos lenguas son . . .

   a. abogado y programador.

   b. cocinero y enfermera.

   c. médico y secretaria ejecutiva.

   ch. médico y abogado.

4. Las personas interesadas tienen que ir en persona a . . .

   a. todos los puestos.

   b. dos de los puestos.

   c. tres de los puestos.

   ch. cuatro de los puestos.

Empleos especializados

y 28 de Agosto de
12:00 horas.

vefsa VESTIDURAS FRONTERIZAS, S.A. DE C.V.

SOLICITA:

ENFERMERO

PARA el 2do. TURNO.

Requisitos:
a). - Titulado o Auxiliar.
b). - Disponibilidad de horario.
c). - Experiencia no indispensable.

INTERESADAS FAVOR DE PRESENTARSE EN NUESTRAS OFICINAS UBICADAS EN AVE. EJÉRCITO NACIONAL Y CARRETERA PANAMERICANA (FRENTE A SORIANA) EN HORARIO HÁBIL.

NECESITAMOS

ABOGADO

para incorporarse a nuestra plantilla

- Experiencia 3 años.
- Sueldo a convenir.

Interesados, enviar curriculum vitae al apartado de Correos 53.320 28080 Madrid

los enviar Curri... Vitae al Apartado
No. 15103 a la At'n: del Lic. ANDRES
MARTINEZ GARCIA

DALE ELECTRÓNICA DALE DE MÉXICO, S.A. DE C.V.

SOLICITA:

SECRETARIO EJECUTIVO BILINGÜE.

- Preparatoria o Comercio.
- Experiencia mínima 2 años.
- Bilingüe 100%.
- Buena presentación.
- Habilidad en Mecanografía.

PERSONAS INTERESADAS
Favor de presentarse al Depto. de Contratación en Planta No. 1 del Parque Industrial Antonio J. Bermúdez.

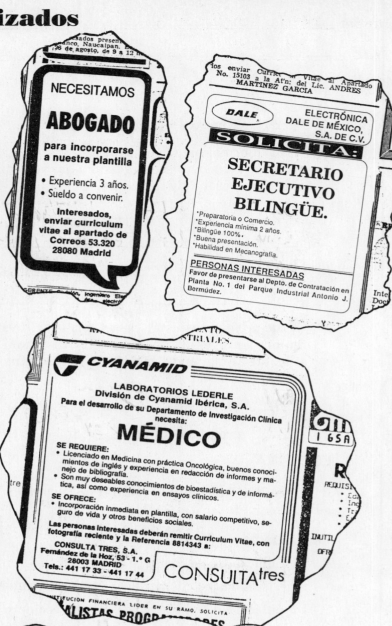

CYANAMID

LABORATORIOS LEDERLE
División de Cyanamid Ibérica, S.A.
Para el desarrollo de su Departamento de Investigación Clínica
necesita:

MÉDICO

SE REQUIERE:
- Licenciado en Medicina con práctica Oncológica, buenos conocimientos de inglés y experiencia en redacción de informes y manejo de bibliografía.
- Son muy deseables conocimientos de bioestadística y de informática, así como experiencia en ensayos clínicos.

SE OFRECE:
- Incorporación inmediata en plantilla, con salario competitivo, seguro de vida y otros beneficios sociales.

Las personas interesadas deberán remitir Curriculum Vitae, con fotografía reciente y la Referencia 8814343 a:

CONSULTA TRES, S.A.
Fernández de la Hoz, 53 - 1.º G
28003 MADRID
Tels.: 441 17 33 - 441 17 44

CONSULTAtres

CLÍNICA PASO DEL NORTE
SOLICITA:

COCINERO

Requisitos:
- Experiencia.
- Disponibilidad de horario.
- Buena presentación.

Ofrecemos:
- Sueldo según aptitudes.
- Prestaciones de Ley.

Interesados acudir a 16 de Septiembre No. 2215 esq. con Panamá con su respectiva solicitud printaform.

MUNDO DIGITAL

SOLICITA:

PROGRAMADORES

Requisitos:
– C ++ para multimedia.
– Experiencia 5-7 años.

Interesados presentarse en Chinamecas 6755. Tels: 17-60-30 y 17-61-00

Nombre _Jordan Livingston_

Fecha _03/12/08_

¡DIME! **UNO**

UNIDAD 4
LECCIÓN 3

¡A ESCUCHAR!

A **¡Qué día!** How are Alicia and her friends feeling today? Listen to each description and identify the corresponding drawing. Then write the number of the description in the corner of the drawing.

B **En la cafetería.** At lunch, you overhear several people talking about a test. Indicate whether each statement reflects a positive or a negative feeling.

1. + ⊝
2. ⊕ –
3. ⊕ –
4. + ⊝
5. + ⊝
6. + ⊝
7. + ⊝
8. ⊕ –

C **¿Dónde están?** You hear various people describing their activities. Listen to each statement and indicate whether the person is in class or at a party.

	En clase	En una fiesta
1.	☑	☐
2.	☑	☐
3.	☐	☑
4.	☑	☐
5.	☐	☑
6.	☐	☑
7.	☑	☐
8.	☐	☑
9.	☑	☐
10.	☐	☑

CH **¿Quién habla?** Everyone is busy working. Listen to the comments of each person and write the letter of the appropriate profession in the blank.

A. cocinero(a)   CH. agricultor(a)   F. abogado(a)
B. médico   D. ingeniero(a)   G. escritor(a)
C. secretario(a)   E. profesor(a)   H. político(a)

1. _e_   5. _h_
2. _ch_   6. _g_
3. _b_   7. _c_
4. _a_   8. _f_

D **Puesto móvil.** You will hear Irma Gómez, a radio reporter, covering a story. Before listening to the broadcast, read the answer choices below. Then listen and circle the letter of the choice that best completes each sentence.

1. Irma Gómez está en
   a. la estación de radio.
   b. su casa.
   c. el colegio Capital.
   ch. el parque.

2. Irma Gómez está hablando de
   a. un festival.
   b. una boda.
   c. una fiesta nacional.
   ch. un baile.

3. Los participantes están escuchando
   a. música rock.
   b. a un político.
   c. la banda municipal.
   ch. unos discos.

4. El evento incluye
   a. música.
   b. bailes.
   c. comida y refrescos.
   ch. a, b y c.

5. Para los niños hay
   a. visitas al zoológico.
   b. juegos mecánicos.
   c. clases de baile.
   ch. a, b y c.

6. También hay
   a. lanchas para alquilar.
   b. una visita a los museos.
   c. una exhibición de arte.
   ch. una visita a la estación de radio.

7. Hoy hace
   a. mucho calor.
   b. buen tiempo.
   c. fresco.
   ch. viento.

8. Irma Gómez invita a todos a
   a. participar en el evento especial.
   b. visitar el estudio de radio.
   c. llamar a la estación de radio.
   ch. celebrar su cumpleaños.

Algo sospechoso. Captain Ávila of the Police Department is receiving the surveillance report of Detective Maldonado on the police radio. Read the statements below. Then listen to the conversation and indicate whether each statement is **(C) cierto** or **(F) falso.** Listen to the conversation again to verify your answers.

C　**(F)**　　**1.** Es un día aburrido para el detective.

C　**(F)**　　**2.** Muchas personas están haciendo algo cómico.

(C)　F　　**3.** Las personas son de diferentes edades.

C　**(F)**　　**4.** Todos entran, pero nadie sale.

C　**(F)**　　**5.** Los paquetes son como computadoras.

(C)　F　　**6.** Maldonado está en la calle 8 con Princesa.

C　**(F)**　　**7.** Maldonado está observando el hospital.

(C)　F　　**8.** Maldonado probablemente no es muy inteligente.

Nombre _Jordan Livingston_

Fecha _03/17/98_

¡DIME! UNO

UNIDAD 4
LECCIÓN 3

¡A ESCUCHAR!

Pronunciación y ortografía

La ortografía del sonido [s].

F In Latin America, the sound [s] has three spellings: **s, z,** and **c** (before the vowels **i** and **e**). Often the choice of these letters is not explained by rules and needs to be memorized. Listen as several words containing the letter **s** are pronounced. After hearing each word twice, write it in the space provided.

1. _clases_
2. _estudias_
3. _estados_
4. _serios_
5. _nosotros_
6. _jueves_

G The **[s]** sound is often spelled with the letter **z** when it occurs at the end of a word or when followed by the vowels **a, o,** or **u.** Listen as several words containing the letter **z** are pronounced. After hearing each word twice, write it.

1. _pizarra_
2. _zona_
3. _marzo_
4. _feliz_
5. _diez_
6. _zoológico_

H The letter **c** before **i** or **e** has the **[s]** sound in Latin American speech. There is a spelling change when a word that ends in **z** is made plural: the **z** changes to **c.** Listen as several words containing the letter **c** are pronounced. After hearing each word twice, write it.

1. _lápices_
2. _cine_
3. _veces_
4. _anuncios_
5. _felices_
6. _places_

I Now complete each of the following words with **c** or **z** according to the rules you have just seen.

1. a l m u e r _Z_ o
2. _C_ e l e b r a _c_ i ó n
3. d i _c_ i e m b r e
4. V a l d e _z_
5. d i e _z_ i o cho
6. e n t o n _c_ e s
7. v e _z_
8. f á _c_ i l
9. f e l i _c_ e s
10. l u _z_
11. v e _c_ e s
12. V e n e _z_ u e l a

Nombre _Jordan Livingston_

Fecha _03/09/98_

¡DIME!
UNO

UNIDAD **4**
LECCIÓN **3**

¡A ESCRIBIR!

A   **Está cansado.** Often we can tell how people feel by the way they look. Write sentences describing how these people feel.

1. Juan _está contento_

2. Luisa _está frustrarada_

3. La Sra. Montalbán _está emocianada_

4. Yo _estoy triste_

5. Los chicos _están consados_

6. Tú _estás nervisa_

B   **¿Cómo estás?** What a person is doing frequently determines how he or she feels. Tell how the following people feel in these situations.

1. Estudio; por eso estoy _aburrido._

2. Juan va a la oficina del director; por eso está _nervioso_

3. Las chicas bailan mucho; por eso están _consadas_

4. Tú sacas una «A» en matemáticas; por eso estás _contento_

5. Nosotros estamos en una boda; por eso estamos _aburridos_

6. Los estudiantes nunca estudian; por eso el profesor está _contento_

7. Yo saco una «D» en español; por eso estoy _frustrarado_

© D.C. Heath and Company

C **¿Qué están haciendo?** Look at these pictures of a wedding. Write what the people in each picture are doing.

1. _Estan bailando_

2. _Estan hablando_

3. _Estan sacando fotos_

4. _Estan hablando_

5. _Esta comiendo_

6. _Estan tocando_

© D.C. Heath and Company

CH **Están bailando.** Some people do the same thing all the time. After reading what these people generally do on weekends, say that they are doing that activity now.

MODELO *Arturo lee una novela los sábados.*
Arturo está leyendo una novela ahora.

1. Silvia y Roberto pasean en bicicleta los domingos.

   Silvia y Roberto están paseando en bicicleta.

2. Guadalupe estudia álgebra los sábados.

   Guadalupe esta estudiando álgebra.

3. Nosotros corremos por el parque los sábados.

   Nosotros estamos corremando por el parque.

4. Susana y Pancho bailan los sábados.

   Susana y Pancho estan bailando.

5. Tú practicas el piano los domingos.

   Tú esto practicando el piano.

6. Los chicos comen pizza los sábados.

   Los chicos estan comiendo pizza.

7. Yo escucho discos compactos de jazz los sábados.

   Yo estoy escuchando discos compactos de jazz.

8. Alfredo hace la tarea los domingos.

   Alfredo esta haciendo la tarea.

9. Las chicas mexicanas preparan la comida los domingos.

   Las chicas mexicanas estan preparando la comida.

10. Mi papá trabaja el sábado.

    Mi papá esta trabajando.

D **Clara está bailando.** Draw pictures of you and your friends doing four of your favorite activities. Then write a brief description saying who is in each drawing, what they are doing, what time of day it is, and how they feel.

Greg y yo estamos mirando
la película. Estamos
en el cine. Somos muy contentos
Es la tarde.

mi amigo está trabajando
en el computadora por la
mañana somos. El es muy
aburrido.

Nathan y Julián estan mirando
televisión. Es la noche.

Jonatan esta jugando
basketball. Es la mañana
basquetbol

E **¿Yo? ¿Poeta?** Study the structure of this five-line poem called a cinquain. Then write your own poem, following the instructions for each line. As you practice writing cinquains, you will find that it becomes easier. You might want to write and illustrate a cinquain about a dog, your grandmother, a class, or anything else you like.

Nicolás	1 word that names the subject
Pequeño, contento,	2 words that define or describe the subject
Corriendo, cantando, llorando,	3 words that express actions of the subject
Mi amigo, mi enemigo,	4 words that express attitude(s) toward subject
Hermanito.	1 word that sums up or gives synonym for subject

Michael
aburrido, tonto
Leo, cochinillo, loco
mi amigo, mi enemigo,
hermano

In this lesson you learned how to talk about emotions, the names of more activities, and more. Complete the following categories with the Spanish words and phrases that you learned.

Estados de ánimo

_____   _____

_____   _____

_____   _____

_____   _____

_____   _____

_____   _____

Verbos

_____   _____

_____   _____

_____   _____

_____   _____

Palabras y expresiones

_____   _____

_____   _____

_____   _____

_____   _____

_____   _____

Nombre _Jordan Livingston_

Fecha _03/16/98_

¡DIME! UNO

UNIDAD 4
LECCIÓN 3

¡A JUGAR Y PENSAR!

A **Las cuatro estaciones.** The following words are all related to the four seasons. Write them in the appropriate spaces.

ENERO   MAYO   SEPTIEMBRE   VERANO   AÑO
FEBRERO   JUNIO   OCTUBRE   OTOÑO   CUMPLEAÑOS
MARZO   JULIO   NOVIEMBRE   INVIERNO   MES
ABRIL   AGOSTO   DICIEMBRE   PRIMAVERA

```
J U L i o
P r i m a v e r a
  m e s
```

```
  o c t u b r e
  j u n i o
  M a y o
a g o s o
  F e b r e r o
m a r z o
```

```
E n e r o
    S e p t i e m b r e
  O t o h o
    A h o
  D i c i e m b r e
  A b r i l
V e r a n o
    I n v i e r h o
  N o v i e m b r e
C u m p l e a h o s
```

B **Profesiones.** Complete this puzzle with the professions represented by the icons.

Horizontal 4. 6. 8. 10.

11. 12. 14. 15.

Vertical 1. 2. 3. 4.

5. 7. 9. 13.

Nombre _Jordan Livingston_

Fecha _03/26/98_

¡DIME!
UNO

UNIDAD **5**
LECCIÓN **1**

¡A ESCUCHAR!

A ¡Qué ciudad! Primero estudia este plano de una ciudad. Luego escucha la descripción de un turista, Ricardo, e indica si sus oraciones son **ciertas (C)** o **falsas (F).**

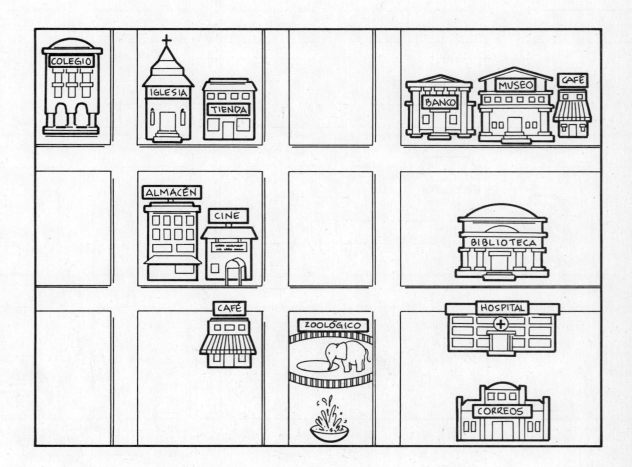

1. Ⓒ   F
2. Ⓒ   Ⓕ
3. Ⓒ   F
4. C   Ⓕ
5. C   Ⓕ
6. Ⓒ   F
7. Ⓒ   F
8. Ⓒ   F
9. Ⓒ   Ⓕ
10. Ⓒ   F

Plano municipal. Trabajas para la Oficina de Turismo y tienes que hacer un plano de la ciudad. Escucha las instrucciones e indica con un número el lugar de cada edificio.

MODELO Escuchas: Número 1. El almacén está en la calle Ponce de León enfrente de la plaza.

             Escribes: el número **1** en el lugar apropiado.

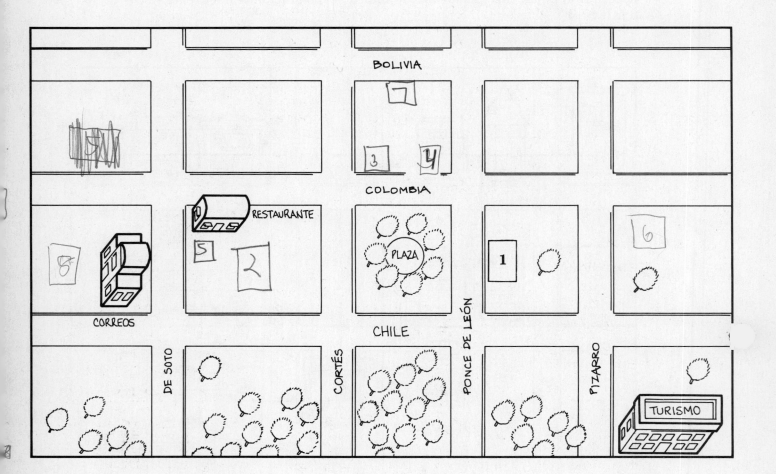

Nombre _Jordan Livingston_

Fecha _03/26/98_

¡DIME!
UNO

UNIDAD **5**
LECCIÓN **1**

¡A ESCUCHAR!

C **Direcciones.** Lucinda está en el Hotel Galindo y el recepcionista le está explicando cómo llegar a varios lugares. Primero estudia el mapa. Luego escucha las instrucciones. Marca la ruta que Lucinda debe tomar y numera, en orden cronológico, los cinco lugares que ella visita. Escucha otra vez para verificar la ruta y los lugares visitados.

MODELO   Escuchas: *Al salir del hotel, dobla a la derecha y sigue media cuadra por San Antonio. En Santa Catalina dobla a la izquierda y sigue una cuadra más. En San Martín, dobla a la derecha y correos está a tu derecha.*

Marcas: la ruta y escribes el número **1** en correos.

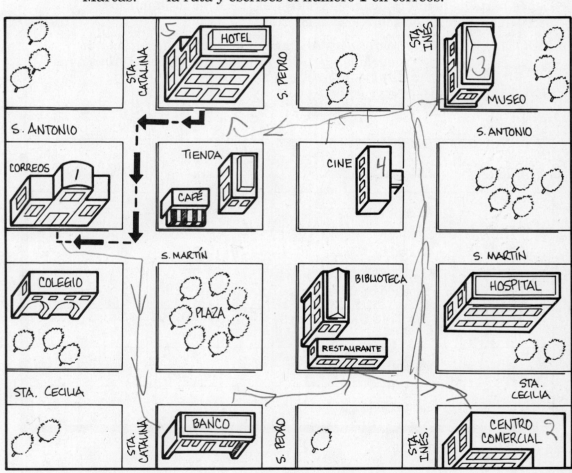

CH **Números.** Estás en una tienda donde van a dar premios a las personas que tienen estos números. Escucha el anuncio y marca una **X** al lado de cada uno de los números mencionados.

_____ 50.730	_____ 70.542
☒ 10.570	☒ 70.452
_____ 40.930	_____ 40.935
☒ 60.542	_____ 40.936
☒ 50.731	☒ 20.560
☒ 50.732	_____ 20.561

D **Aeropuerto.** Estás en el aeropuerto esperando a varias personas. Sólo tienes parte de la información que necesitas. Escucha los anuncios y escribe la información sobre los vuelos.

MODELO Escuchas: *Aerolíneas Argentinas anuncia la llegada de su vuelo número 551 procedente de Buenos Aires a las 7:00 por la Puerta 35.*

Escribes: **551 / 7:00 / 35**

Vuelo	Origen	Hora	Puerta
551	Buenos Aires	7:00	35
2791	Ciudad de México	7:45	41
1576	Santiago de Chile	6:30	33
749	Caracas	7:15	38
511	Madrid	7:25	33
925	Santo Domingo	6:10	31

Nombre _Jordan Livingston_

Fecha _04/16/98_

¡DIME! UNO

UNIDAD 5
LECCIÓN 1

¡A ESCUCHAR!

E

Esta noche. Lee las frases con sus posibles respuestas. Luego escucha la conversación entre Norma y Matilde y selecciona la mejor respuesta. Escucha la conversación de nuevo para verificar tus respuestas.

1. Esta noche Matilde necesita . . .
   - **a.** estudiar.
   - **b.** salir con sus amigos.
   - **c.** limpiar su cuarto.
   - **ch.** salir con su familia.

2. El lunes Matilde . . .
   - **a.** va a estudiar con Paquita.
   - **b.** va a salir con Norma.
   - **c.** va a ver un espectáculo.
   - **ch.** tiene examen.

3. Matilde decide . . .
   - **a.** llamar a una amiga de Norma.
   - **b.** salir.
   - **c.** ir al teatro.
   - **ch.** a, b y c.

4. Norma . . .
   - **a.** va a estudiar con Matilde.
   - **b.** es muy buena en química.
   - **c.** necesita dinero.
   - **ch.** está emocionada.

5. La entrada . . .
   - **a.** está enfrente.
   - **b.** cuesta 1500 pesetas.
   - **c.** es gratis.
   - **ch.** cuesta 500 pesetas.

6. Van a tomar café . . .
   - **a.** con la madre de Matilde.
   - **b.** después de ir al teatro.
   - **c.** después de estudiar.
   - **ch.** a, b y c.

Pronunciación y ortografía

Los diptongos

F A diphthong consists of two vowels that form a single syllable. In Spanish, one of these vowels is always [i] or [u]. Listen to the following words that contain the diphthongs [ia], [ie], and [io]. Repeat each word after the speaker says it twice.

famil**ia**	**mie**do	fur**io**so
espec**ial**	**tie**nda	ad**iós**
divorc**ia**do	tamb**ién**	televis**ión**

G Now listen to the following words and indicate whether each one contains the diphthong [ia], [ie], or [io] by marking the appropriate column.

	ia	ie	io
1.	☐	☑	☑
2.	☐	☐	☑
3.	☐	☑	☐
4.	☑	☐	☐
5.	☑	☐	☐
6.	☐	☐	☑
7.	☐	☐	☑
8.	☐	☑	☐
9.	☑	☐	☐
10.	☐	☑	☐

H Listen to the following words that contain the diphthongs [ua], [ue], [ui], and [uo]. Repeat each word after the speaker says it twice.

c**uá**l	por sup**ue**sto	L**ui**s
Parag**ua**y	f**ui**ste	monstr**uo**
ab**ue**la	¡**Uy**!	contin**uo**

I Now listen to the following words and indicate whether each one contains a [ua], [ue], [ui], or [uo] diphthong by marking the appropriate column.

	ua	ue	ui	uo
1.	☑	☐	☐	☐
2.	☐	☑	☐	☐
3.	☐	☐	☐	☑
4.	☐	☐	☑	☐
5.	☐	☑	☐	☐
6.	☐	☐	☑	☐
7.	☑	☐	☐	☐
8.	☐	☑	☐	☐
9.	☐	☐	☑	☐
10.	☑	☐	☐	☐

J Listen to the following words that contain the diphthongs [ai], [ei], and [oi].
Repeat each word after the speaker says it twice.

baile   treinta
ay ay ay   hoy
Jaime   boina
seis   oigo
veinte

K Now listen to the following words and indicate if each one contains the
diphthong [ai], [ei], or [oi] by marking the appropriate column.

	ai	ei	oi
1.	☐	☐	☑
2.	☑	☐	☐
3.	☐	☑	☐
4.	☑	☐	☐
5.	☐	☑	☐
6.	☐	☐	☑
7.	☑	☐	☐
8.	☐	☐	☑
9.	☐	☑	☐
10.	☑	☐	☐

L Listen to the following words that contain the diphthongs [au], [eu], and
[iu]. Repeat each word after the speaker says it twice.

autobús   feudal
causa   ciudad
Europa   viudo

Now listen to the following words and indicate if each one contains the diphthong [**au**], [**eu**], or [**iu**] by marking the appropriate column.

	au	eu	iu
1.	☑	☐	☐
2.	☐	☐	☑
3.	☐	☑	☐
4.	☑	☐	☐
5.	☐	☑	☐
6.	☐	☑	☐
7.	☑	☐	☐
8.	☐	☐	☑

A **¿Dónde están?** Lupe y sus amigos están en el nuevo centro comercial, pero Lupe no encuentra a sus amigos. Usa las siguientes expresiones para decir dónde están.

cerca de   detrás de   al lado de   a la derecha de

lejos de   enfrente de   entre   a la izquierda de

MODELO   Dolores **está**

enfrente del café.

1. Lorenzo _está enfrenta de el muses_

2. Julio y David _esta detras de la fuente_

3. Anita _esta al lado de el banco._

4. Gloria y Lilia _estan entre la tienda_

5. Manuel _esta a la iquierda de correos._

6. Lupe _esta a la derecha de la fuente_

7. Todos _estan enfrente el cine_

B **Detective.** ¿Quieres ser detective? Interpreta esta nota que alguien te da.
¿Qué dice?

MODELO   A las dos ___**camina**___ a la fuente de la Cibeles y

___**cruza**___ la calle. (caminar, cruzar)

1. ___*dobla*___ a la izquierda en la calle del Marqués y

___*sigue*___ dos cuadras. (doblar, seguir)

2. ___*Entra*___ en la Foto Max y ___*compra*___ una cámara.

(entrar, comprar)

3. ___*cruza*___ la calle y ___*camina*___ hasta la esquina de la calle del

Marqués con el callejón Dorado. (cruzar, caminar)

4. ___*espera*___ a un hombre con un sombrero grande. ___*saca*___ fotos

en secreto de todo lo que hace el hombre. (esperar, sacar)

5. ___*toma*___ el Metro a Sol y ___*sube*___ a la calle. (tomar, subir)

6. ___*da*___ la cámara a la señorita pelirroja enfrente de la fuente.

___*toma*___ la revista que te va a dar ella. (dar, tomar)

7. ___*espera*___ en la Puerta del Sol hasta las seis. Entonces ___*regresa*___

a la oficina. (esperar, regresar)

C **Hay mucho que hacer.** Alicia tiene que ir a varios lugares siguiendo las instrucciones de su abuela. ¿Qué direcciones le da la abuela a Alicia?

MODELO Compra un casete. (casa → tienda)
Para ir a la tienda, dobla a la izquierda y camina una cuadra y media. En la avenida I, dobla a la derecha y camina una cuadra más. La tienda está allí en la calle B.

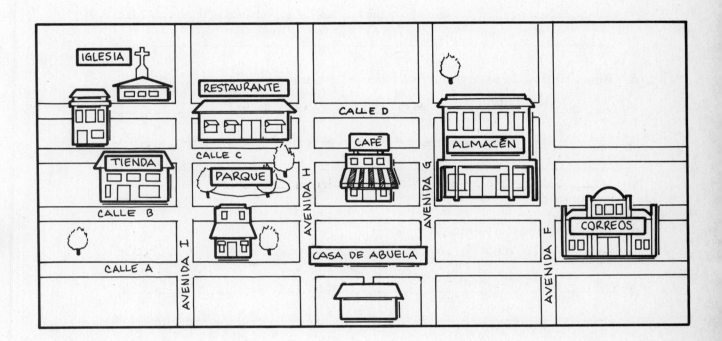

1. Habla con el Padre Juan. (tienda→iglesia)

_____

_____

_____

_____

2. Come un sándwich. (iglesia → restaurante)

Ir al restaurante dobla al derecha

_____

_____

_____

3. Busca a Carlos. (restaurante → parque)

_____

_____

_____

4. Manda las tarjetas. (parque → correos)

_____

_____

_____

5. Busca un regalo para tu mamá. (correos → almacén)

_____

_____

_____

6. Toma un refresco. (almacén → café)

_____

_____

_____

7. Regresa a casa. (café → casa)

_____

_____

_____

CH **¡Soy esclavo(a)!** Tus padres constantemente te dicen lo que tienes que
hacer. ¿Qué te ordenan hacer?

EJEMPLO *preparar / tarea / para mañana*
Prepara la tarea para mañana.

1. limpiar / cuarto

   Limpiar la cuarto.

2. sacar / perro a caminar

   Saca el pero a caminar.

3. llamar / abuelos

   Llama abuelas

4. practicar / piano

   Practica el piano.

5. leer algo

   Leo algo

6. correr / tienda

   corra la tienda.

7. escribir / carta / tía

   Escriba carta con mi tía

8. estudiar / examen mañana

   Estudía pero examen mañana

D **Cheques.** Trabajas en una oficina y tienes que hacer los cheques. Escribe la cantidad apropiada en cada cheque.

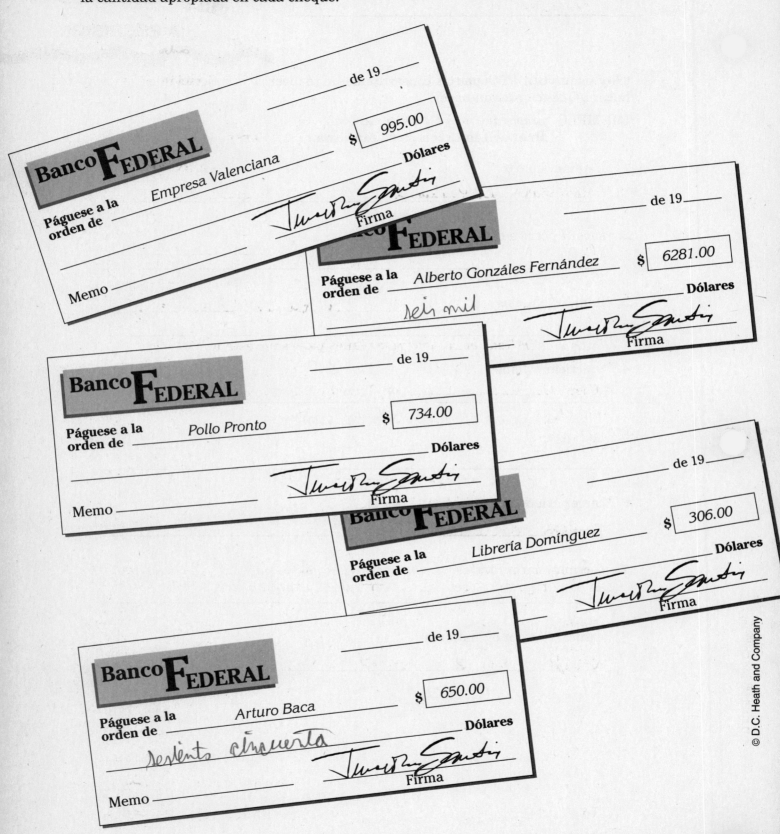

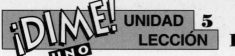

E **¡Qué generosos!** ¿Cuánto dinero dan estas personas a la Asociación Estudiantil de tu colegio?

MODELO *El presidente de la Asociación ($3.00)*
El presidente de la Asociación **da tres dólares.**

1. La señora Durán ($350) _La señora Durán da trecisento cincuenta dólares._

2. Julio ($5.00) _Julio da chico dólares._

3. Los señores Valdez ($725) _Los señores Valdez da setecientos veintycinco dólars_

4. Tú ($15.00) _Tú da cinco dólares._

5. Los señores Galdós ($975) _Los señores Galdos da novecientosetenta y cinco dólares_

6. Nosotros ($5,910) _nosotros da cinco mil, novecento diez_

F **¡Vamos a salir!** Todo el mundo tiene planes para salir esta noche. ¿Con quién salen estas personas?

1. Gloria _sale_ con Raquel y Samuel.

2. Yo _salgo_ con Dolores y Ramón.

3. Tú _sales_ con tus primas.

4. El señor Lozano _sale_ con su esposa.

5. Alberto y Silvia _salen_ con sus padres.

6. Nosotros _salimos_ con nuestros amigos.

G **Salgo a las cuatro.** Después de una boda, todos los parientes de la novia tienen que regresar a casa. ¿A qué hora salen estas personas?

1.   2.   3.   4.   5.   6.

1. Su hermanastro José _sale_ _a las tres_

2. Sus hermanas _sales a las una y viente cinco_

3. Tú _sales a las tres y media_

4. Yo _salgo a la siete y media_

5. Su mejor amiga Lilia _sale a las ocho menos cinco_

6. Nosotros _salimos a las ocho menos cinco_

H **Saben mucho.** Todos los estudiantes de tu escuela son muy inteligentes.
Saben de todo. ¿Puedes decir qué saben estas personas?

MODELO Juan y yo _____ **sabemos** _____ el himno nacional de México.

1. Yo _____ *sabo* _____ el número de teléfono del presidente.

2. Gloria _____ *sabe* _____ el vocabulario de la lección.

3. Los chicos _____ *saben* _____ los nombres de todos los presidentes de EE.UU.

4. Nosotros _____ *sabemos* _____ la dirección de la escuela.

5. Tú _____ *sabes* _____ el nombre del presidente de México.

6. El profesor _____ *sabe* _____ mucho sobre el calendario azteca.

I **¿Sabes bailar?** Tú, tus amigos y tus profesores tienen mucho talento.
Saben hacer muchas cosas. ¿Qué saben hacer estas personas?

MODELO *La profesora de español*
La profesora de español sabe tocar la guitarra.

1. Tú _____ *sabe ver la televisión* _____

2. Mi mamá y yo _____ *sabemos pasearnos en bicicleta* _____

3. El director de la escuela _____ *sabe calificar exámenes* _____

4. Yo _____ *sabo trabajar en la computadora* _____

5. Mis hermanitos _____ *saben jugar deportes* _____

6. Tú y tu papá _____ *sabe arte* _____

7. Todos mis profesores _____ *saben calificar exámenes* _____

J **Dobla a la derecha.** Un amigo quiere ir a tu casa a ver un programa
de televisión contigo esta noche. Escríbele instrucciones de cómo llegar a
tu casa desde la escuela.

_____

_____

_____

_____

_____

_____

_____

_____

In this lesson you learned the names of places and the numbers
100–1.000.000 and much more. Write the Spanish words and phrases that
you learned in each category and any other new vocabulary you would like
to remember.

Al dar direcciones

_____ _____

_____ _____

_____ _____

_____ _____

_____ _____

_____ _____

_____ _____

_____ _____

En la ciudad

_____ _____

_____ _____

_____ _____

_____ _____

_____ _____

_____ _____

_____ _____

Casa de cambio

_____

_____

_____

_____

Números 100–1.000.000

_____   _____

_____   _____

_____   _____

_____   _____

_____   _____

_____   _____

_____   _____

Verbos

_____   _____

_____   _____

_____   _____

_____   _____

Palabras y expresiones

_____   _____

_____   _____

_____   _____

_____   _____

_____   _____

Antes de empezar

1. Why do many tourists go to Washington, D.C.? What do they go there to see?

   To see the nation's capital + all of the
   government buildings

2. In this selection, you will read about Madrid and three popular tourist sites in the city: **la Plaza Mayor, el Parque del Retiro,** and **el Palacio Real.** Before reading the selection, read each statement below and decide whether it describes the city of Madrid or one of its tourist attractions. If you don't know, simply make a logical guess.

		Madrid	Plaza Mayor	Parque del Retiro	Palacio Real
a.	Es ideal para descansar.	☑	☐	☑	☐
b.	Tiene una población de más de tres millones.	☑	☒	☐	☐
c.	Hay muchos edificios y monumentos notables.	☑	☒	☐	☒
d.	El rey de España no vive allí ahora.	☐	☐	☑	☐
e.	Hay cafés, tiendas, oficinas de gobierno y apartamentos.	☒	☑	☐	☐
f.	Hay un gran lago artificial.	☐	☒	☑	☐
g.	Hay una excelente colección de armas antiguas.	☒	☐	☐	☑
h.	Está situada en el centro del país.	☑	☐	☒	☐

LECTURA

Ahora lee el artículo en la página siguiente y contesta las preguntas.

MADRID

Madrid, la capital de España, está situada en el centro del país. Con una población de tres millones y medio de habitantes, es la ciudad más grande de España.

La **Plaza Mayor,** una impresionante plaza construida en 1619, es una de las más viejas y más bonitas de la ciudad. Ahora hay cafés al aire libre, tiendas, oficinas de gobierno y apartamentos alrededor de la plaza.

El **Parque del Retiro,** originalmente los jardines de un palacio de Felipe II, es un lugar ideal para descansar o simplemente observar a la gente. El Estanque Grande es un gran lago artificial donde se puede andar en bote y pasear en el agua. En el parque hay muchos monumentos y edificios notables como el Palacio de Cristal y el Observatorio Astronómico.

El **Palacio Real** fue construido entre 1738 y 1764. El rey de España no vive en el Palacio Real; ahora es un museo. La Armería tiene una de las mejores colecciones de armas antiguas de todas partes del mundo.

Verifiquemos

Indica si esta información es **cierta (C)** o **falsa (F)**.

C   **F**   **1.** Madrid está en la costa de España, en el mar Mediterráneo.

C   F   **2.** Madrid es la ciudad más grande de Europa.

C   F   **3.** La Plaza Mayor es muy antigua.

C   F   **4.** La Plaza Mayor es un parque muy hermoso.

C   F   **5.** En el Parque del Retiro hay un lago grande.

C   F   **6.** El rey de España vive en el Palacio de Cristal.

C   F   **7.** El Palacio Real es un museo.

C   F   **8.** La Armería del Palacio Real tiene armas modernas de todas partes del mundo.

Nombre _Jordan Livingston_

Fecha _04/27/98_

¡DIME!
UNO

UNIDAD **5**
LECCIÓN **2**

¡A ESCUCHAR!

A **Comentarios.** Escucha estos comentarios sobre el Almacén Andrade. Indica si cada comentario es positivo o negativo. Escucha otra vez para verificar tus respuestas.

1. +   (−)
2. (+)   −
3. +   (−)
4. (+)   −
5. (+)   −
6. +   (−)
7. (+)   −
8. (+)   −

B **Inventario.** Eres dependiente en una tienda de moda femenina y tienes que ayudar a hacer el inventario. Escucha y escribe el número de artículos de cada color en la columna apropiada. Escucha otra vez para verificar tus respuestas.

MODELO   Oyes: *Hay 15 blusas moradas.*
Escribes: 15 bajo morado en la línea que dice "blusas".

	marrón	morado	azul	verde	blanco
blusas		15		6	20
faldas			7		20
vestidos		2		2	
pantalones	8		16	12	
suéteres	1	1	1	1	1
trajes	10		11		

C **En oferta.** Alicia tiene una lista de cosas que necesita comprar. Primero lee la lista. Luego escucha el anuncio e indica a qué piso debe ir para comprar cada cosa. Escucha de nuevo para verificar tus respuestas.

_____ calcetines blancos

_____ zapatos

_____ camisetas

_____ sudadera

5 jeans

6 blusas (verdes y amarillas)

2 chaqueta

CH **Muñecos de papel.** Sarita está describiendo la ropa de sus muñecos. Escucha la descripción y dibuja la ropa apropiada en cada figura. Escucha otra vez para verificar tus dibujos.

María   Juan

D **¡Ropa nueva!** Lee las siguientes oraciones. Luego escucha la conversación entre Marcos y un dependiente e indica si cada oración es **cierta (C)** o **falsa (F)**. Escucha la conversación otra vez para verificar tus respuestas.

C ~~F~~ 1. Marcos va a una fiesta de cumpleaños.

~~C~~ F 2. El dependiente le recomienda un traje.

C ~~F~~ 3. Marcos prefiere el color negro para esta ocasión.

~~C~~ F 4. Marcos se prueba un traje gris.

C F 5. La camisa no es muy cara.

C ~~F~~ 6. Marcos no quiere probarse nada.

C ~~F~~ 7. Marcos le paga al dependiente directamente.

~~C~~ F 8. Marcos necesita comprar calcetines.

~~C~~ ~~F~~ 9. Marcos está en el sexto piso.

E **Desfile de modas.** Una tienda especializada en la moda juvenil tiene un desfile de modas *(fashion show)*. Primero lee las oraciones incompletas y sus posibles respuestas. Después escucha a la locutora y selecciona la frase que mejor complete cada oración. Escucha la narración otra vez para verificar tus respuestas.

1. La primera modelo lleva . . .

   a. una blusa negra.   ~~**c.** botas negras.~~
   b. pantalones grises.   **ch.** a, b y c.

2. Mónica lleva ropa apropiada para . . .

   ~~**a.** ocasiones informales.~~   **c.** jugar fútbol.
   b. días de mucho calor.   **ch.** a, b y c.

3. Beatriz lleva accesorios . . .

   a. rojos.   **c.** anaranjados.
   ~~**b.** amarillos.~~   **ch.** rosados.

4. La ropa de Beatriz es apropiada para . . .

   ~~**a.** un día de tenis.~~   ~~**c.** un picnic en el lago.~~
   b. una clase de karate.   **ch.** una boda.

5. La ropa de Susana es . . .

   ~~**a.** deportiva.~~   **c.** informal.
   b. práctica.   ~~**ch.** a, b y c.~~

6. Si hace frío, Susana usa . . .

   a. pantalones cortos.   ~~**c.** chaqueta.~~
   b. botas.   **ch.** a, b y c

Pronunciación y ortografía

Enlace de vocales (Vowel linking)

F When two vowels come together in Spanish, they are linked; that is, they are pronounced in the same breath group. Listen to the following words that contain two vowels next to each other. Repeat each word after the speaker says it twice.

leer	creer
desear	correo
teatro	trae
paseo	idea

G Linking also occurs if one vowel ends a word and another begins the next word. Listen to the speaker pronounce the following phrases. Repeat each one after the speaker says it twice.

el nuevo estudiante	una camiseta azul
la primera escuela	la abuelita
este almacén	un nuevo hotel
a la izquierda	el viejo ascensor
	en la esquina

H Now repeat each of these longer phrases after the speaker says it twice.

Dobla a la izquierda allí.
Voy a probarme la falda anaranjada.
La va a enviar por la mañana.
Allí está enfrente.
Me encanta esta escuela.
Va a ir a estudiar.
Ella está aquí.

Nombre _Jordan Livingston_

Fecha _04/13/98_

¡DIME!
UNO

UNIDAD **5**
LECCIÓN **2**

¡A ESCRIBIR!

A

¿Qué llevo? ¿Qué ropa llevan estas personas a estos lugares o en estas ocasiones especiales?

MODELO *A una recepción formal yo . . .*
llevo un vestido blanco y zapatos negros. o
llevo un traje azul y zapatos negros.

1. A la escuela mi amigo . . .

   lleve un camiseta y los jeans.

2. A la oficina mi papá (mamá) . . .

   lleva la chaqueta y los pantalones

3. A una fiesta mi hermano(a) . . .

   lleva la sueter y los pantalones

4. Al parque tú . . .

   lleva la camisa y ~~los~~ el sombrero.

5. Al zoológico mis amigas . . .

   lleva la camisa y los jeans

6. A un restaurante elegante yo . . .

   llevo el traje y zapatos marrones

¿Te gustan? A todos nos gusta la ropa pero tenemos gustos diferentes.
¿A ti te gusta esta ropa?

EJEMPLO **Me gustan las camisetas viejas.** o
No me gustan las camisetas viejas.

1. No me gustan las chaquetas amaranjadas.

2. No me gustan los sombreros.

3. No me gustan los vestidos

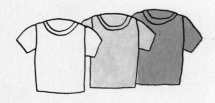

4. Me gustan las camisetas.

5. Me gustan los suerdas.

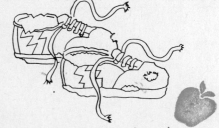

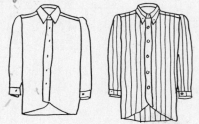

6. No me gustan las botas viejas

7. No me gustan las camisas

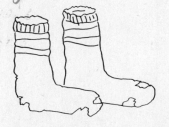

8. No me gustan los vestidos.

9. No me gustan los calcetines viejas

¡A ESCRIBIR!

C **¿Qué quieres llevar?** ¿Qué ropa quieren llevar estas personas a la asamblea en el gimnasio de tu escuela?

gris   **verde**

MODELO *Pablo*
Quiere llevar pantalones grises y una camisa verde.

1. Elisa y Juana

Quiero nunca blousa azul y faldas blanca.

azul   **blanca**

2. El director

Quiere llevo traje negro y faldar rosada.

negro   **rosada**

3. Teresa

Quiero nunca llevo la falda rojo y zapatos negros.

rojo   **negro**

4. Dionicio

Quiero llevo jeans marróngy camisa blanca.

marrón   **blanca**

5. Yo

Quiero llevo jeans azul y camisetas verdes.

6. Tú

_____

CH **¿Qué prefieres?** ¿Qué tipo de ropa prefieres tú? ¿Qué prefieren tus amigos?

MODELO Mi mejor amigo _____**prefiere**_____ un sombrero grande.

1. Julio _prefiere_ la camiseta anaranjada.

2. Gloria y Silvia _prefieren_ los zapatos deportivos.

3. Los profesores _prefieren_ los trajes azules.

4. Yo _prefiero_ la sudadera morada.

5. Nosotros _preferimos_ los suéteres rojos.

6. ¿Qué _prefieres_ tú?

D **Puedo hacer enchiladas.** Un grupo de amigos están organizando una fiesta de sorpresa para una amiga. Ahora están asignando tareas a todo el mundo. ¿Quiénes pueden hacer estas cosas?

MODELO Esteban / traer los refrescos
Esteban puede traer los refrescos.

1. ella / traer los discos

   Ella puede traer los discos.

2. ellos / preparar el pastel

   Ellos puede preparar el pastel

3. yo / comprar la comida

   Yo puedo compro la comida.

4. tú y él / limpiar la casa

   Tú y él puedos limpiar la casa

5. ellas / invitar a sus amigos

   Ellas pueden invitar a sus amigos

6. todos nosotros / decir feliz cumpleaños

   Todos nosotros pueden decir feliz cumpleaños.

E **No encuentro los zapatos.** Muchas personas en la Galería Lisón no encuentran lo que buscan. ¿Encuentran estas personas todo lo que buscan?

MODELO Mis padres no _____**encuentran**_____ los suéteres.

1. Consuelo _encuentre_ un impermeable azul.

2. Yo no _encuentro_ el perfume *Medianoche*.

3. Nosotros no _encuentramos_ los casetes de Gloria-Gloria.

4. David y Gregorio _encuentamos_ los zapatos deportivos.

5. Tú no _encuentre_ un sombrero azul.

F **Están en el primer piso.** Tú y tus amigos están de compras en este almacén. Estudia el directorio para saber en qué departamento y en qué piso se encuentran los siguientes artículos.

Galerías Lisón

Piso	Departamento	Piso	Departamento
10	Departamento de electrónica	5	Departamento de jóvenes
9	Departamento del hogar	4	Departamento de deportes
8	Cafetería	3	Departamento de niños
7	Departamento de caballeros	2	Zapatería
6	Departamento de señoras	1	Perfumería
		PB	Joyería

MODELO **El perfume _Sultana_ está en la perfumería en el primer piso.**

1. _El radio está en el departament electronica en el diez piso._

2. _El sueta esta en el departament de caballeros en el siete piso_

3. _las bota esta en el departament de deportas en el quatro piso_

4. _____

_____

5. Los casetes esta en el departamento de electrónica en la diez piso.

6. _____

_____

7. Los botas esta en el departamento de caballeros en el siete piso

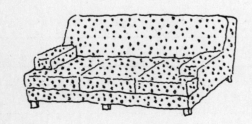

8. _____

_____

9. El jaqueta esta en el departamento de señoras en el seis piso.

Nombre *Jordan Livingston*

Fecha *04/19/98*

¡DIME!
UNO

UNIDAD **5**
LECCIÓN **2**

¡A ESCRIBIR!

G **¿Cuánto cuesta?** Esta semana todo está en oferta en Galerías Lisón. ¿Cuánto cuestan estos artículos?

MODELO **Los zapatos deportivos cuestan veinticinco dólares.**

1. *El radio cuesta cientocincuenta nueve dolares.*

2. *Los pantalone cueste diez y ocho dolores.*

3. *el joqueta cueste ochenta dolores.*

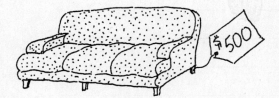

4. *el sofa cueste cincoclen dolores.*

5. *La lampa cueste cinco dolores.*

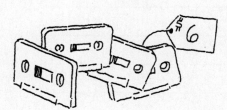

6. *La castes cuestan seis dolores*

7. *La onputadora cueste nueve cin setenta cinco dolores.*

H **Galerías Mimosa.** Tú trabajas en el departamento de relaciones públicas del almacén Galerías Mimosa. Tu responsablidad es preparar, por escrito, el anuncio que escuchan los clientes al entrar en el almacén. Escribe el anuncio.

Bienvenidos. aquí pueden en contrar de todo. Con oferta en el departamento de electronica. Becadoras y televisiones en oferta quinto %.

In this lesson you learned the names of articles of clothing, colors, and departments in a store. Write the Spanish words and phrases that you learned in each category, and add other new vocabulary you find useful.

En un almacén

_____   _____

_____   _____

_____   _____

_____   _____

_____   _____

_____   _____

Ropa

_____   _____

_____   _____

_____   _____

_____   _____

_____   _____

_____   _____

_____   _____

_____   _____

_____   _____

_____   _____

Complementos indirectos

_____   _____

_____   _____

_____   _____

Números ordinales

_____   _____

_____   _____

_____   _____

_____   _____

Verbos o → e, e → ie, u → ue

_____   _____

_____   _____

_____   _____

_____   _____

Verbos regulares

_____   _____

_____   _____

_____   _____

_____   _____

Palabras y expresiones

_____   _____

_____   _____

_____   _____

Colores

_____   _____

_____   _____

_____   _____

_____   _____

_____   _____

Antes de empezar

1. ¿Qué alternativas hay para hacer compras sin tener que salir de la casa?

Video Shopping

Internet

mail Order

qvc

Home Shopping Network

catalogs

2. ¿Cuál de estas alternativas es la más común? ¿La usas tú o tu familia? ¿Con qué frecuencia?

mail Order

Internet

LECTURA

Lee el anuncio en la página siguiente.

Un regalo para ti

Un regalo para ti

Llévate gratis el nuevo catálogo **BEYELA**. Podrás comprar, desde tu casa, toda la moda para este invierno a precios de regalo.

Envía hoy mismo este cupón y recibirás dos regalos sorprendentes.

Un catálogo, con toda la moda para ti y miles de artículos para tu hogar. Y si eres una de las 100 primeras en responder, un fantástico set de pinceles de maquillaje, para que estés aún más guapa.

Con **BEYELA,** serás la primera en estar a la última.

GRATIS

Un maravilloso set de pinceles para maquillaje, si eres una de las 100 primeras al pedir tu catálogo.
Envía ahora mismo por correo este cupón a BEYELA
c/ Esteban Terrades, 5.
Apdo. de Correos, 210-08080 BARCELONA

Nombre y apellidos _Jordan Livingston_

Calle _2940 UW Street_

No.

Población _Marin_

Código postal _475118_

Provincia

Fecha de nacimiento _07/01/82_

o llama al (93) 404 02 02

BEYELA *para ti*

Verifiquemos

Completa estas oraciones con la frase correcta.

1. Este anuncio es para . . .

   a. una novela romántica titulada *Beyela.*

   b. una tienda de ropa, *Beyela,* en Madrid.

   c. un libro de arte.

   (ch.) un catálogo de ropa.

2. El producto anunciado aquí es ideal para . . .

   a. hombres y mujeres.

   (b.) amigas, novias y madres.

   c. amigos, novios y padres.

   ch. niños pequeños.

3. En el anuncio se dice que el producto es ideal para . . .

   (a.) diciembre, enero y febrero.

   b. marzo, abril y mayo.

   c. junio, julio y agosto.

   ch. septiembre, octubre y noviembre.

4. Las primeras cien personas en contestar van a recibir . . .

   a. mucha ropa.

   b. artículos para el hogar.

   (c.) un regalo para mujeres.

   ch. un regalo para artistas.

5. No es necesario enviar el cupón porque . . .

   a. puede ir al almacén *Beyela* por el producto.

   b. es posible llamar por teléfono y pedir el producto.

   c. ya no hay más regalos.

   ch. hay un almacén *Beyela* en todas las ciudades principales.

Nombre _Jordan Livingston_

Fecha _05/01/98_

¡DIME! UNO

UNIDAD 5
LECCIÓN 3

¡A ESCUCHAR!

A | **¡A almorzar!** Estás en un restaurante tomando café y escuchando a varias personas. Primero lee las respuestas. Luego escucha cada comentario y selecciona la respuesta más apropiada. Escucha otra vez para verificar tus respuestas.

1. **a.** ¡Qué bien! Tenemos mucha hambre.
   b. Gracias, adiós.
   c. El servicio está incluido.

2. **a.** ¿Hay una mesa libre?
   b. Gracias, todo está bien.
   c. Gracias, sé lo que quiero.

3. **a.** ¿Cuánto dejo de propina?
   b. La comida está rica.
   c. Un momentito más, por favor.

4. **a.** Bueno. Una porción para cada uno.
   b. Limonada, por favor.
   c. La cuenta, por favor.

5. **a.** Me encanta el melón.
   b. Agua mineral para mí.
   c. Un bizcocho, por favor.

6. **a.** El bizcocho está muy bueno.
   b. Manzanas y naranjas.
   c. Jamón y queso.

7. **a.** ¿Y para beber?
   b. La cuenta, por favor.
   c. ¿Quiere ver la carta?

8. **a.** Allí hay una mesa.
   b. ¿Quieren ver la carta?
   c. ¿Qué hay de postre?

9. **a.** Dos limonadas, por favor.
   b. 500 pesetas.
   c. Sí, por favor.

10. **a.** Vamos a cenar más tarde.
    b. Estamos listos para pedir.
    c. Todo está muy rico.

Café Puerta del Sol. Lee las siguientes oraciones. Luego escucha el anuncio de radio e indica si las oraciones son **ciertas (C)** o **falsas (F).** Escucha el anuncio otra vez para verificar tus respuestas.

(C)   F   **1.** El Café Puerta del Sol tiene bocadillos a buenos precios.

(C)   F   **2.** Hay una gran variedad de bocadillos.

C   (F)   **3.** La especialidad del café es el sándwich mixto.

(C)   F   **4.** El café sirve patatas fritas.

(C)   F   **5.** Para beber, hay refrescos y café.

C   (F)   **6.** No sirven frutas en el Café Puerta del Sol.

C   (F)   **7.** El café es un buen lugar para hablar con los amigos.

(C)   F   **8.** Si una persona tiene prisa, es preferible ir a otro café.

~~C~~   (F)   **9.** Una persona puede desayunar en el café a las 10 de la mañana.

C   **¿Qué piden?** Trabajas en un café y tienes que tomar las órdenes de los clientes que llaman por teléfono. Primero estudia este formulario. Luego escucha al cliente. Completa el formulario según lo que pide. Escucha otra vez para confirmar la orden.

Bocadillos

2 jamón
1 queso
1 mixto
___ hamburguesa
___ perrito

Frutas

___ naranja
___ melón
___ manzana
___ sandía
___ fresas

Otros

acompañantes
4 patatas fritas
___ ensalada

pizza
___ queso
1 queso y peperoni

helados
4 chocolate
2 fresa
2 vainilla

Bebidas

refrescos
2 naranja
___ limón
3 limonada

café
___ con leche
___ solo

agua
2 mineral con gas
___ mineral sin gas
___ natural

CH **¿Quién es?** Selecciona el dibujo que mejor represente cada descripción que vas a escuchar. Escribe el número de la descripción en el dibujo correspondiente.

A

B

C

CH

D

E

En el café. Lee las siguientes oraciones parciales y sus posibles conclusiones. Luego escucha la conversación entre Felipe y una camarera, y selecciona la mejor conclusión. Escucha la conversación otra vez para verificar tus respuestas.

1. Felipe quiere . . .

   a. ver la carta.

   b. comer una hamburguesa.

   c. beber agua natural.

   ch. a, b y c.

2. Felipe pide . . .

   a. patatas fritas.

   b. café con leche.

   c. agua mineral.

   ch. a, b y c.

3. La camarera recomienda . . .

   a. las patatas fritas.

   b. el melón.

   c. la hamburguesa con queso.

   ch. el café con leche.

4. Felipe decide . . .

   a. pedir la cuenta.

   b. salir del café.

   c. comer melón.

   ch. a, b y c.

5. Primero Felipe va a comer . . .

   a. fruta.

   b. un bocadillo.

   c. patatas fritas.

   ch. queso.

Excursión de Madrid. Eloísa está hablando con Manuel, otro turista, de una excursión de Madrid en autobús que ella y una amiga hicieron. Primero lee la lista. Luego escucha su conversación e indica el orden en que visitaron estos lugares. Escucha otra vez para verificar el orden.

_4_ Banco de España   _8_ Jardín botánico

_6_ Café típico   _7_ Museo del Prado

_3_ Fuente de la Cibeles   _5_ Parque del Retiro

_2_ Iglesia de San José   _1_ Plaza Mayor

F **¡Tantos restaurantes buenos!** Imagínate que eres turista en una ciudad que tiene muy buenos restaurantes. Escucha las instrucciones de la recepcionista del hotel para saber a qué restaurantes puedes ir cada noche. Luego escribe el nombre del restaurante que visitas cada día. Escucha otra vez para verificar tus respuestas.

1. lunes: Restaurante  ~~de~~ Plaza

2. martes: Restaurante Romo

3. miércoles: Restaurante ~~Clavelitos~~ Clavelitos

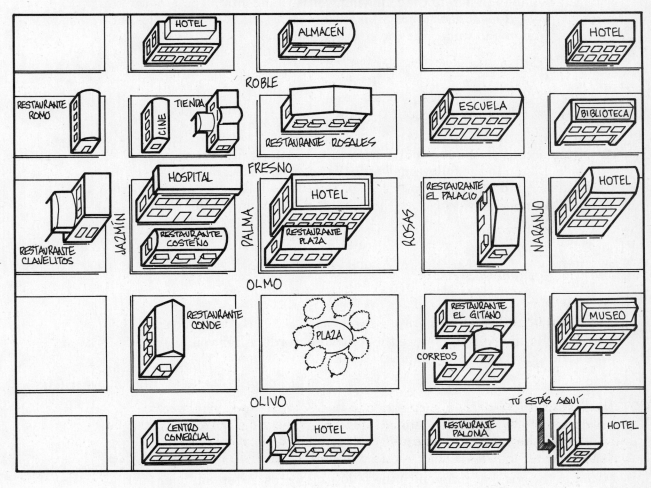

Pronunciación y ortografía

Acentuación de palabras con dos vocales juntas

G In Lesson 1 of this unit you learned that **i** or **u** (weak vowels), in combination with each other or with another vowel, forms a diphthong that is pronounced as a single syllable. Listen to the following words that contain diphthongs. Repeat each word after the speaker says it twice. Notice the syllable division and underline the stressed syllable.

bai-le	jue-ves
si-len-cio	rei-na
au-to-ri-dad	guar-dia
cuen-ta	tam-bién

H If the vowel combination consists of two strong vowels (**a, e,** or **o**), each is in a separate syllable. Listen to the following words that contain combinations of strong vowels. Repeat each word after the speaker says it twice. Notice the syllable division and underline the stressed syllable.

pa-se-o	te-a-tro
hé-ro-e	pa-se-ar
le-er	co-rre-o
de-se-o	tra-er

I A written accent on the **i** or **u** of a diphthong breaks it into two separate syllables. Listen to the following words that contain written accents on a vowel that would otherwise be "weak" or unaccented. Repeat each word after the speaker says it twice. Notice the syllable division and underline the stressed syllable.

rí-o	tra-í-do
ma-íz	con-ti-nú-a
o-ír	ba-úl
en-ví-o	la-úd

J Listen to the speaker pronounce the following words. After you hear each word twice, divide it into syllables.

cliente	maestro
mayoría	línea
bailar	invitación
tía	triunfar

K Listen to the speaker pronounce the following words. After you hear each word twice, divide it into syllables and underline the stressed syllable.

nueve	ciencias
mediodía	feo
neutral	mías
iglesia	serio

Nombre _____

Fecha _____

¡DIME! UNO

UNIDAD 5
LECCIÓN 3

¡A ESCUCHAR!

L Listen to the speaker pronounce each of the following words. After you hear each word twice, write an accent mark, *if necessary,* over the stressed vowel to reflect the proper pronunciation.

recreo   siempre
Raul   lee
mio   biologia
periodico   pais
policia   europeo

LL Write the words you hear the speaker say. Each word will be said twice. Don't forget accent marks, if needed.

1. _____

2. _____

3. _____

4. _____

5. _____

6. _____

7. _____

8. _____

9. _____

10. _____

Nombre _Jordan Livingston_

Fecha _05/18/98_

¡DIME! UNO

UNIDAD **5**
LECCIÓN **3**

¡A ESCRIBIR!

A **Un almuerzo con papá.** Rafael y su papá están comiendo en un restaurante. Completa su conversación con el camarero.

B ¿**Qué piden?** ¿Qué piden tú y tus amigos o profesores cuando comen en la Cafetería Granada?

EJEMPLO Yo **pido pizza de jamón, una manzana y limonada.**

Cafetería Granada

Sándwiches
jamón
queso
mixto
hamburguesa
hamburguesa
  con queso

Pizza
jamón
tres quesos

Bebidas
café
café con leche
agua mineral
limonada
leche

Patatas fritas
grande
regular

Postres

Helados
vainilla
chocolate
limón

Fruta
naranja
manzana
melón

Pastel
chocolate
limón

---

1. Mi amiga *pide una pizza tres quesos, un café, y un fruta.*

2. El Sr. Cárdenas *pide un hamburgesa, un limonada, y plantas fritas.*

3. Tú *pides un hamburgesa con queso, un agua mineral, y un pastel limon.*

4. Los chicos *piden unos sandwiches mixtos, un cafe con leche, y postres vanilla.*

5. Ramón y yo *pidemos Pizza y un leche, y un melon*

6. La directora de la escuela *pide un pizza jamon, un leche, y plantas fritas.*

Nombre _Jordan Livingston_

Fecha _05/20/98_

¡DIME! UNO

UNIDAD **5**
LECCIÓN **3**

¡A ESCRIBIR!

¡Imposible! Unos estudiantes están trabajando de camareros durante las vacaciones. Tienen poca experiencia y a veces no sirven lo que los clientes piden. Completa estas oraciones para ver lo que pasa.

MODELO   Luisa _____**pide**_____ una pizza de tres quesos pero

nosotros le _____**servimos**_____ una hamburguesa.

1. Román y Alberto ___piden___ refrescos pero

   yo les ~~pide~~ _servo_ helado.

2. Tú ___pides___ fruta pero los chicos

   te ___serven___ patatas fritas.

3. Memo ___pide___ helado pero tú le

   ~~pide~~ _serves_ pizza.

4. Yo ___pids___ un bocadillo pero José me

   ___serve___ bizcocho.

5. Nosotros ___pidemos___ limonada pero David nos

   ___serven___ leche.

Traen muchos regalos. Los amigos y parientes de Daniel le traen muchos regalos a su fiesta de cumpleaños. ¿Qué le traen?

MODELO *Los abuelos*
Los abuelos le traen una computadora.

1. María *le traes un perro*

2. Sus amigos Beto y Lorenzo *le traen leer los pantalones*

3. Yo *me traigo un mochilla*

4. Carlota *le trae un sweter*

5. Tú *le traes un libro.*

6. Sus padres *le traen un bicicleta*

7. Nosotros *le traemos regalos*

© D.C. Heath and Company

D **¿Qué les pasa?** Describe la situación en la que se encuentran las siguientes personas. (Usa expresiones con *tener.*)

MODELO *Raquel piensa que México está al norte de los Estados Unidos.*
Raquel no tiene razón.

1. Ramón tiene que llevar suéter y chaqueta.

   Ramon no tiene calor.

2. Juanito suma 12 y 8 y sale con 20.

   Juanito tiene razón.

3. La Sra. Ramírez no tiene que llegar a casa hasta las 3:00 y solamente son las 2:10.

   La Sra. Ramírez tiene prisa.

4. Susana pide tres hamburguesas y un sándwich mixto.

   Susana tiene hambre.

5. La clase de Gloria empieza a las 8:00 y ahora son las 7:58.

   Gloria tiene prisa.

6. Los chicos van al lago hoy porque la temperatura va a subir a 100 grados F.

   Los chicos tiene calores.

7. Jacobo está bebiendo su quinto refresco.

   Jacobo tiene triste

E **¡Qué generosos!** Lorenzo y su familia son muy generosos. Siempre hacen algo para las otras personas. Pero . . . , ¿qué hacen?

MODELO Lorenzo _____**les**_____ sirve chocolate a sus hermanas.

1. Sus padres _____*le*_____ leen un libro a Juanita.

2. Lorenzo _____*te*_____ escribe una carta a ti.

3. Nuestros abuelos _____*nos*_____ compran regalos a nosotros.

4. Pablito y Susana _____*les*_____ hablan a sus padres.

5. Tú _____*le*_____ traes el periódico a Silvia.

6. Silvia _____*me*_____ da su libro a mí.

7. Nosotros _____*les*_____ preparamos una comida especial a nuestros abuelos.

¡Regalos para todos! Tu tío acaba de regresar de sus vacaciones y ¡les trae regalos a todos! ¿Qué les trae a ti y a tu familia?

EJEMPLO *A mí*

   A mí me trae unas cucharas elegantes.

1. A mi hermano _trae una mochilla._

2. A mis padres _traes unos casetes._

3. A nosotros _traemos un gato._

4. A mi abuela _trae los libros._

5. A mí _trae la computadora._

6. A mi tía _trae una jaqueta._

7. A ti _trae un radio._

8. A mis primos _traen los sombreros._

9. A mi hermana y a mí _traemos un perro._

G **Buenas intenciones.** ¿Qué desea hacer Clara para estas personas?

MODELO *A Carolina (dar un libro)*
Desea darle un libro a Carolina.

1. A Julio (comprar casetes)

   Desea darle comprar casetes a Julio.

2. A sus padres (decir la verdad)

   Desean darles decir la verdad a sus padres.

3. A sus hermanas (comprar suéteres)

   Desean darles comprar suéteres a sus hermanas.

4. A ti (explicar la tarea de álgebra)

   Desea darla explicar la tarea de álgebra a ti.

5. A nosotros (hablar en español)

   Deseas darle hablar en español a nosotros.

6. A mí (servir helado cuando estudio)

   Desea darle servir helado cuando estudio a mí.

7. A tía Josefina (enviar tarjetas postales)

   Desea darle enviar tarjetas postales a tía Josefina.

H **Responsabilidades.** Aquí tienes una lista de las responsabilidades más comunes de un camarero. ¿Puedes ponerlas en orden cronológico?

MODELO **Primero: Les dicen «buenas noches» a los clientes.**

decir gracias a los clientes   traer agua   servir la comida
preguntar qué desean   presentar la cuenta   preguntar si quieren algo más
servir café   decir «buenas noches»   dar la carta a los clientes

Primero les dicen servir la comida.

Segundo les dicen gracias a los clientes.

Tercero sirven café

Cuatro traen agua

Quinto presentan la cuenta

Sexto preguntan si quieren algo más.

Séptimo dar la carta a los cliente

Octava dice buenas noches

I **¿Adónde?** ¿Qué hicieron tú y tus amigos el fin de semana pasado?
Contesta con **fuimos.**

1. ¿Qué hicieron el viernes por la noche?

   Fuimos ~~distime~~ al cine por la noche.

2. ¿Qué hicieron el sábado por la mañana?

   Fuimos al parque el sábado por la mañana.

3. ¿Qué hicieron el sábado por la tarde?

   Fuimos alquilan videos el sábado por la tarde.

4. ¿Qué hicieron el sábado por la noche?

   Fuimos mirar televisión el sábado por la noche.

5. ¿Qué hicieron el domingo por la tarde? .

   Fuimos escuchamos música el domingo por la tarde.

J **Tengo hambre.** Escribe el diálogo que tú tienes con un camarero. El
problema es que tienes mucha hambre pero no tienes mucho dinero.

CAMARERO   Hola. Como estas.

TÚ   Bien pero no tiene mucho dinero. ¿Que recomdade?

CAMARERO   La hamburgesa y coca cola es muy bien.

TÚ   ¿Cuanto cuesta?

CAMARERO   Trecies peretas.

TÚ   ¡ah! muy bien. Yo tengo un hamburgesa y
coca cola y ... yo tengo las papas fritas.

CAMARERO   Ah. Muy bien.

TÚ   Gracias.

CAMARERO

TÚ

In this lesson you learned the names of foods and drinks, some idiomatic expressions of condition, and much more. Write the Spanish words and phrases that you learned in each category. You may want to add other new vocabulary you find useful.

En un café

_____   _____

_____   _____

_____   _____

_____   _____

Bebidas

_____   _____

_____   _____

_____   _____

_____   _____

Comidas

_____   _____

_____   _____

_____   _____

_____   _____

_____   _____

_____   _____

_____   _____

© D.C. Heath and Company

Modismos con _tener_

_____   _____

_____   _____

_____   _____

_____   _____

_____

Verbos _e_ → _i_

_____   _____

_____   _____

_____   _____

_____   _____

_____   _____

Otros verbos

_____   _____

_____   _____

_____   _____

_____   _____

_____   _____

_____   _____

Palabras y expresiones

_____   _____

_____   _____

_____   _____

_____   _____

_____   _____

_____   _____

_____   _____

A

Ropa y colores. Busca los nombres de 13 prendas de vestir y 11 colores en esta *sopa de letras.* Luego, para poder contestar la pregunta, pon el resto de las letras en orden en los espacios en blanco.

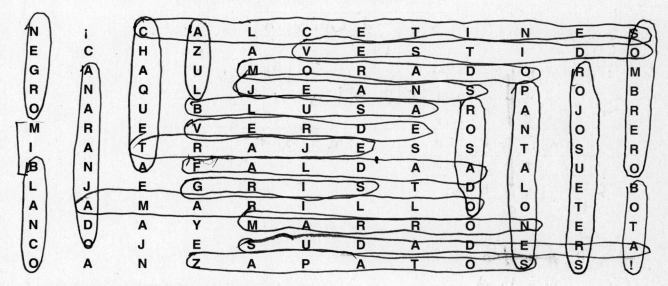

¿Cuál es la ropa preferida por todo el mundo?

__ __ __ __ __ __ __ __ __ __

__ __ __ __ __ __ __

¡A comer! Soluciona este crucigrama siguiendo las claves verticales y horizontales a continuación.

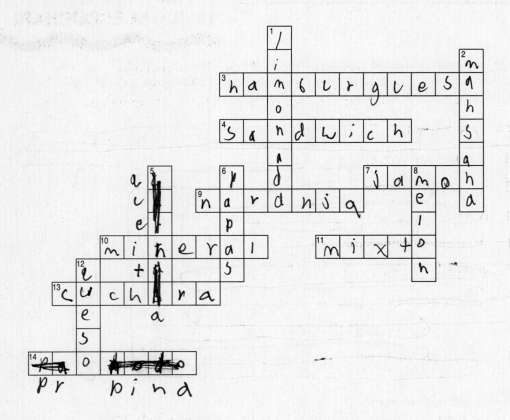

Vertical

1. Un refresco hecho de limón, agua y azúcar.
2. Fruta roja que debes comer cada día.
5. Papel que indica la cantidad que el cliente tiene que pagar.
6. Comida frita que usualmente acompaña una hamburguesa.
8. Fruta más grande que una pelota de béisbol. La parte que comes es anaranjada por dentro.
12. Un derivado de la leche. Con frecuencia se come con jamón.

Horizontal

3. Probablemente el sándwich más popular en EE.UU.
4. Hay muchas versiones de esta comida: de jamón, de queso, mixto, etc.
7. Se usa para preparar un sándwich mixto muy popular que consiste de _____ y queso.
9. Una fruta cítrica.
10. Muchas personas piden este tipo de agua en vez de un refresco.
11. Un sándwich que combina dos cosas, como jamón y queso.
13. Utensilio para comer.
14. Dinero para el camarero por dar buen servicio.

Nombre _____

Fecha _____

¡DIME!
UNO

UNIDAD 6
LECCIÓN 1

¡A ESCUCHAR!

A ¡Qué día! Joaquín tuvo un día interesante el sábado. Primero lee la lista. Luego escucha lo que dice Joaquín e indica cuáles de estas actividades hizo. Escucha la descripción otra vez para verificar tus respuestas.

_____ 1. escuchar la radio

_____ 2. limpiar su cuarto

_____ 3. comer al mediodía

_____ 4. salir con un amigo

_____ 5. ir al centro comercial

_____ 6. comprar un disco compacto

_____ 7. cenar en casa

_____ 8. ver un programa de televisión

_____ 9. hablar por teléfono

B Entrevista. La reportera Elena Gutiérrez va a entrevistar a la familia Suárez acerca de su viaje a Guadalajara. Escucha sus preguntas e indica si Elena habla con uno de los hijos o con su madre.

	Madre	un hijo		Madre	un hijo
1.	☐	☐	6.	☐	☐
2.	☐	☐	7.	☐	☐
3.	☐	☐	8.	☐	☐
4.	☐	☐	9.	☐	☐
5.	☐	☐	10.	☐	☐

C ¿Quién participó? Escuchas varios comentarios. Indica si la persona que habla participó o no participó en las actividades mencionadas. Escucha otra vez para verificar tus respuestas.

	participó	no participó		participó	no participó
1.	☐	☐	6.	☐	☐
2.	☐	☐	7.	☐	☐
3.	☐	☐	8.	☐	☐
4.	☐	☐	9.	☐	☐
5.	☐	☐	10.	☐	☐

Fotos. Un amigo te está enseñando las fotos de su viaje a México.
Escucha cada comentario y escribe el número en la foto correspondiente.
Escucha otra vez para confirmar tus respuestas.

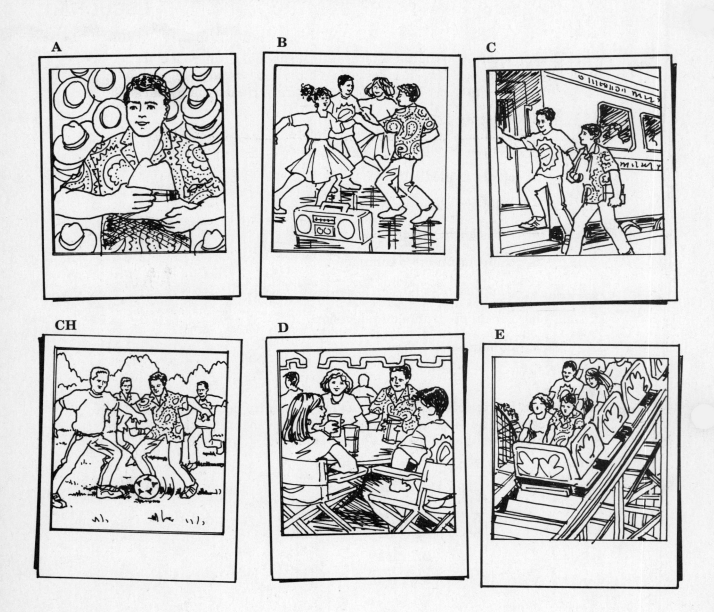

A

B

C

CH

D

E

Nombre _____

Fecha _____

¡DIME!
UNO

UNIDAD 6
LECCIÓN 1

¡A ESCUCHAR!

D **Toda la semana.** Anastasia está describiendo las actividades en las que participó su familia la semana pasada. Escucha lo que dice y marca con una **x** los días relacionados con cada lugar mencionado. Escucha otra vez para verificar tus respuestas.

MODELO Escuchas: *Mamá fue al mercado el martes y el viernes.*

Escribes: una **x** bajo "martes" y "viernes" en la línea que dice "mercado."

	lunes	martes	miércoles	jueves	viernes
mercado		x			x
banco					
escuela					
oficina					
almacén					
gimnasio					
correos					
restaurante					

E **Una llamada urgente.** Jaime, un chico mexicano, está de vacaciones. Lee las siguientes oraciones. Luego escucha la conversación entre Jaime y sus padres e indica si las oraciones son **ciertas (C)** o **falsas (F).** Escucha la conversación otra vez para verificar tus respuestas.

C   F   **1.** Papá contesta el teléfono.

C   F   **2.** Jaime está de vacaciones en Sudamérica.

C   F   **3.** A Jaime no le gustó el vuelo.

C   F   **4.** Los primeros días conoció lugares interesantes.

C   F   **5.** Comió comida italiana.

C   F   **6.** Salió con unas chicas que conoció.

C   F   **7.** Jaime fue a un programa de baile.

C   F   **8.** Las actividades de Jaime no costaron mucho.

C   F   **9.** Es la primera vez que Jaime les pide dinero a sus padres.

Pronunciación y ortografía

La pronunciación de tr, dr, pr, br, cr, gr

F The Spanish letter **r** is pronounced differently from the English *r*. In Spanish the [**r**] sound is formed with the tip of the tongue tapping the roof of the mouth. Begin by saying it after the consonant **t**. Listen to the following words that contain the [**r**] sound after the letter **t**. Repeat each word after the speaker says it twice.

tres	**tr**igal
triste	maes**tr**o
trigo	encon**tr**ar
tragan	de**tr**ás

G Now say this traditional Spanish tongue twister, or **trabalenguas**. Repeat each phrase after the speaker. Then repeat the entire **trabalenguas,** which will be said twice. (You may have to repeat it several times before you can say it correctly.)

Tres **tr**istes tigres **tr**agan **tr**igo en un **tr**igal.

H Listen to the following words that contain the [**r**] sound after the letter **d**. Repeat each word after the speaker says it twice.

drama	ma**dr**e
dramatización	vi**dr**io
Drácula	cate**dr**al
cua**dr**a	pa**dr**e

I Listen to the following words that contain the [**r**] sound after the letter **p**. Repeat each word after the speaker says it twice.

precio	a**pr**opiado
practicar	com**pr**as
prisa	a**pr**ender
prudente	im**pr**esionante

J Now listen to the following words that contain the [**r**] sound after the letter **b**. Repeat each word after the speaker says it twice.

bravo	a**br**il
Brasil	po**br**e
brillante	so**br**ino
brutal	ham**br**e

Nombre _____

Fecha _____

¡DIME! UNO

UNIDAD 6
LECCIÓN 1

¡A ESCUCHAR!

K Listen to the following words that contain the [r] sound after the letter **c**. Repeat each word after the speaker says it twice.

cruzar	es**cr**ibir
creer	re**cr**eo
cristal	se**cr**eto
cruel	dis**cr**eto

L Listen to the following words that contain the [r] sound after the letter **g**. Repeat each word after the speaker says it twice.

gracias	ne**gr**o
grupo	fotó**gr**afo
gritar	re**gr**esar
grande	con**gr**eso

LL Listen to the following proverbs, or **refranes,** that contain the [r] sound after a consonant. Repeat each **refrán** after you hear it said twice. Pay close attention to the sounds you have just studied. Can you guess the meaning of each **refrán?** At the bottom of the page you will find English proverbs expressing similar ideas.

1. El que ma**dr**uga Dios lo ayuda.

2. Pie**dr**a que rueda no **cr**ía musgo.

3. Ver es **cr**eer.

4. Más vale caer en **gr**acia que ser **gr**acioso.

5. El que mucho abarca poco a**pr**ieta.

6. Po**br**eza no es vileza.

1. The early bird gets the worm. 2. A rolling stone gathers no moss. 3. Seeing is believing. 4. Fortune can do more than merit. 5. Don't bite off more than you can chew. 6. There is no shame in being poor.

A **La visita de Rodrigo.** Mira los dibujos y lee la descripción del viaje de Rodrigo a Guadalajara. Escribe la letra de cada dibujo al lado de la oración que lo describe.

sentense

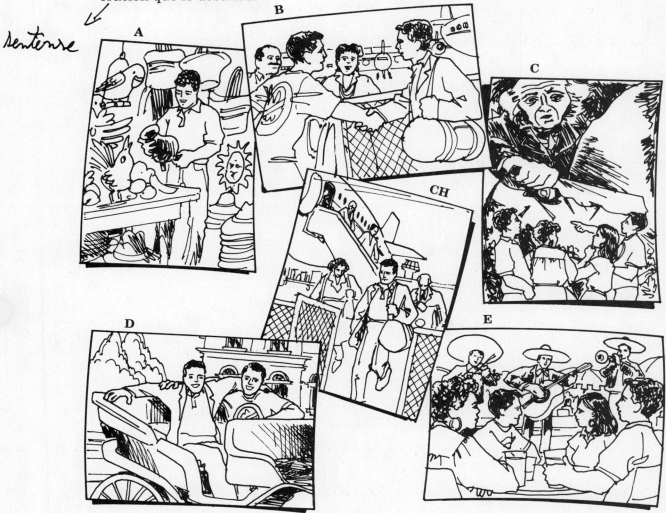

_ch_ **1.** Yo llegué al aeropuerto de Guadalajara el domingo por la tarde.

_B_ **2.** Arturo y sus padres me recibieron en el aeropuerto.

_D_ **3.** Arturo y yo paseamos en una calandria por toda la ciudad.

_C_ **4.** Mis primas Tina y Eva nos acompañaron a ver un mural de Orozco.

_A_ **5.** En el mercado vi muchas artesanías bonitas.

_E_ **6.** Los cuatro tomamos limonada y escuchamos mariachis en un café.

La semana pasada. Este es el calendario donde Isabel anota todas sus actividades. ¿Qué hizo Isabel la semana pasada?

MODELO   **El lunes pasado estudió mucho para el examen de español.**

lunes	*estudiar para el examen de español*
martes	*preparar enchiladas para papá*
miércoles	*escribir una composición*
jueves	*limpiar el garaje*
viernes	*salir con Tomás y Gloria*
sábado	*comprar unos regalos*
domingo	*pasear en bicicleta con Ramón*

1. El lunes estudió para el examen de español.
2. El martes preparó enchiladas para papá.
3. El miércoles escribió una composición
4. El jueves limpió el garaje
5. El viernes salió con Tomás y gloria.
6. El sábado compró unos regalos.

C **La familia Valenzuela.** ¿Qué hizo la familia Valenzuela la semana pasada? Usa el pretérito para explicar lo que hizo cada miembro de esta familia.

Vocabulario útil:

limpiar la casa	bailar el tango	estudiar álgebra
escribir cartas	cantar en la fiesta	salir con un amigo
hablar con sus tíos	leer una novela	ver televisión
correr en el parque	comer en un café	subir a las lanchas

1. La Sra. Valenzuela _limpió la casa._
2. Los hijos _escribieron cartas._
3. Tina _habló con sus tíos._
4. Los padres _corrieron en el parque._
5. La abuela _bailó el tango._
6. Felipe y Andrés _cantaron en la fiesta._
7. Tío Claudio _estudió álgebra._
8. Todos _salieron con un amigo._

CH **El domingo pasado.** El domingo pasado todos los miembros de tu familia fueron a diferentes lugares. ¿Adónde fueron?

1. Mis padres _fueron_ a la iglesia.
2. Mi hermanita _fue_ a la casa de una amiga.
3. Mi mamá y yo _fuimos_ al parque.
4. Papá _fue_ al partido de fútbol.
5. Mis abuelos _fueron_ al concierto.
6. Mi tía _fue_ a la biblioteca.
7. Por la noche yo _fui_ al cine.
8. ¿Y tú? ¿Adónde _fuiste_?

fui   fuimos
fuiste   fuisteis
fue   fueron

¡Qué cansadas! ¿Adónde fueron Gloria y Susana el sábado pasado y qué hicieron en cada lugar?

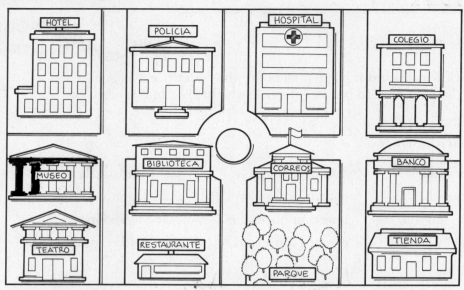

MODELO   **Fueron al parque y corrieron.**

1. Fueron al hotel y donlieron.
2. Fueron al policía y juetaron.
3. Fueron al hospital y
4. Fueron al colegio y extudieron
5. Fueron al museo y teatro y miraron un película.
6. Fueron al biblioteca y restauranteron.
7. Fueron al correos y parquelion.
8. Fueron al banco y tiendaeron.

¡Qué ocupado! ¿Y tú? ¿Adónde fuiste y qué hiciste la semana pasada? Escribe una o dos actividades para cada día.

lunes	voy al la escuela, miro televisión
martes	escuché musica, voy al cine
miércoles	comí piza, voy al parque
jueves	jugé desportes en el parque
viernes	comé con mi familia
sábado	
domingo	

In this lesson you learned the names of some places and things in a Mexican city, expressions to use when you are impressed, and words and phrases that express past time. Write the Spanish words and phrases that you learned in each category, plus any other new vocabulary you want to remember.

Al visitar una ciudad mexicana

_____   _____

_____   _____

_____   _____

_____   _____

_____   _____

_____   _____

_____   _____

_____   _____

_____   _____

Al describir cosas impresionantes

_____   _____

_____   _____

_____   _____

_____   _____

_____   _____

_____   _____

_____   _____

_____   _____

Al hablar del pasado

_____   _____

_____   _____

_____   _____

_____   _____

_____   _____

Verbos

_____   _____

_____   _____

_____   _____

_____   _____

_____   _____

_____   _____

_____   _____

Palabras y expresiones

_____   _____

_____   _____

_____   _____

_____   _____

_____   _____

_____   _____

_____   _____

Nombre _____

Fecha _____

¡DIME!
UNO

UNIDAD 6
LECCIÓN 1

¡A LEER!

Antes de empezar

¿Qué sabes sobre la música folklórica? Contesta estas preguntas, dando tus impresiones de la música folklórica en Estados Unidos y en México.

1. ¿Qué es la música folklórica?

   _____

   _____

2. ¿Qué tipo de música folklórica conoces tú?

   En EE.UU. _____

   _____

   En México _____

   _____

3. ¿Cuál es el origen de algunas canciones o bailes folklóricos?

   En EE.UU _____

   _____

   En México _____

   _____

4. ¿Dónde cantan y bailan la música folklórica?

   En EE.UU. _____

   _____

   En México _____

   _____

LECTURA

Lee el artículo en la página siguiente sobre el Ballet Folklórico de México.

El Ballet Folklórico

La pasión de los mexicanos por la música tiene su origen en los tiempos de los aztecas. Aunque los aztecas eran conocidos por sus habilidades guerreras, también se dedicaron a las bellas artes, en particular a la música y al baile. La religión de los aztecas le dio gran importancia a la música y al baile. Creían que el baile y la música eran responsables por la rotación del planeta. Por eso, los aztecas se pasaban parte del día tocando instrumentos musicales, bailando y cantando.

La importancia de la música en la civilización azteca motivó a Amalia Hernández a crear una compañía mexicana dedicada al baile y a la música. Esta compañía, el Ballet Folklórico de México, preserva no sólo la pasión por la música y el baile, sino también las auténticas canciones y bailes del pueblo mexicano.

Un programa típico del Ballet Folklórico de México incluye impresionantes e inolvidables bailes pre-hispánicos, como **Los concheros** y **El venado**. Éste último es uno de los bailes más antiguos del repertorio. La versión que presenta el Ballet Folklórico de México, todavía se baila por los Yaquis, una tribu de indios que se estableció en Sonora 25.000 años antes de Jesucristo.

La compañía creada por Amalia Hernández, y ahora dirigida por su hija, Norma López Hernández, no sólo representa bailes antiguos. Gran parte del programa incluye música regional mexicana: las lindas canciones de Michoacán, la **Bamba** de Veracruz, el **Jarabe Tapatío** de Guadalajara y música de la revolución mexicana, como **La cucaracha** y **La Adelita.**

Actualmente, el Ballet Folklórico de México lleva su programa a muchas partes del mundo y viene cada dos o tres años a Estados Unidos . Últimamente, su influencia ha sido tan grande que ahora existen compañías de ballet folklórico mexicano en varias ciudades norteamericanas donde hay una gran población mexicanoamericana.

Verifiquemos

1. A los guerreros aztecas . . .

   a. les gustaba bailar y cantar.

   b. no les gustaba la música.

   c. les gustaba el ballet francés.

   ch. Todas estas respuestas son correctas.

2. Los aztecas pasaban mucho tiempo bailando y cantando porque . . .

   a. fue parte de su religión.

   b. fue necesario bailar y cantar para tener rotación del mundo.

   c. les gustaban las bellas artes.

   ch. Todas estas respuestas son correctas.

3. El *Ballet Folklórico de México* es un grupo . . .

   a. dedicado a preservar la música folklórica de México.

   b. de bailarines, cantantes y músicos.

   c. que investiga la música tradicional de México.

   ch. Todas estas respuestas son correctas.

4. *El venado* es un baile . . .

   a. moderno de los Yaquis.

   b. muy antiguo.

   c. de los Yaquis, una tribu de africanos que viven en México ahora.

   ch. Todas estas respuestas son correctas.

5. *La cucaracha* y *La Adelita* son . . .

   a. bailes antiguos mexicanos.

   b. bailes de Guadalajara.

   c. música histórica de la revolución mexicana.

   ch. Ninguna de estas respuestas es correcta.

6. El Ballet Folklórico de México . . .

   a. tiene fama internacional.

   b. sólo se puede ver en el Palacio de Bellas Artes en la Ciudad de México.

   c. no es un grupo de bailarines mexicanos, sino un grupo de norteamericanos de decendencia mexicana.

   ch. Ninguna de estas respuestas es correcta.

A **¡Qué viaje!** Cecilia acaba de regresar de un viaje a Guatemala. Escucha sus comentarios e indica si lo que dice refleja una actitud positiva o negativa.

1. +   –
2. +   –
3. +   –
4. +   –
5. +   –
6. +   –
7. +   –
8. +   –

B **Invitaciones.** Estás en la cafetería de la escuela y oyes a muchas personas hablar de sus planes. Indica si la persona que habla recibe una invitación o invita a otra persona.

	Recibe	Invita		Recibe	Invita
1.	☐	☐	6.	☐	☐
2.	☐	☐	7.	☐	☐
3.	☐	☐	8.	☐	☐
4.	☐	☐	9.	☐	☐
5.	☐	☐	10.	☐	☐

C **Más invitaciones.** Estás esperando el autobús cuando oyes a varias personas hablando del fin de semana. Indica si la persona que habla acepta o no acepta la invitación.

	Acepta	No acepta		Acepta	No acepta
1.	☐	☐	6.	☐	☐
2.	☐	☐	7.	☐	☐
3.	☐	☐	8.	☐	☐
4.	☐	☐	9.	☐	☐
5.	☐	☐	10.	☐	☐

Conversación telefónica. Quieres usar el teléfono pero tienes que esperar porque tu hermana está hablando con una amiga. Primero lee las oraciones. Luego escucha lo que dice tu hermana y selecciona la respuesta correcta de su amiga.

MODELO Escuchas: *¿Fuiste a la fiesta de Mario?*
          Seleccionas: (a.) Sí, fue muy divertida.
                              b. Sí, hice mi tarea.

1. **a.** Sí, paseamos en bicicleta.

    b. Todos bailamos y escuchamos música.

2. **a.** ¡Claro que sí!

    b. Fue estupendo.

3. **a.** Bailé con todos.

    b. Con todo el mundo.

4. **a.** Comió una pizza entera.

    b. Hice un pastel.

5. **a.** Hablé con un chico muy interesante.

    b. No hizo nada.

6. **a.** Sí, lo conoció.

    b. ¡Claro! Es tu primo Diego.

D **¿Cómo fue?** Anoche varias personas fueron a la recepción del director. Escucha los comentarios que hacen e indica si reflejan una actitud positiva o negativa.

1. +   −

2. +   −

3. +   −

4. +   −

5. +   −

6. +   −

7. +   −

8. +   −

9. +   −

Nombre _____

Fecha _____

¡DIME!
UNO

UNIDAD 6
LECCIÓN 2

¡A ESCUCHAR!

E **¡Cuántos regalos!** Roberta le cuenta a una amiga lo que recibió para su cumpleaños. Escucha lo que cada persona le dio y escribe el nombre debajo del regalo apropiado. Escucha otra vez para verificar tus respuestas.

MODELO Oyes: *Mis padres me regalaron una nueva computadora.*

Escribes:

padres
_____ _____ _____

 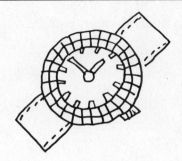 

_____ _____ _____

¡Feliz cumpleaños!

_____ _____ _____

F **Una película de horror.** Alfredo le cuenta a un amigo sobre la película de horror que vio. Primero lee las oraciones a continuación. Luego escucha la descripción que hace Alfredo de la película e indica si las oraciones son **ciertas (C)** o **falsas (F)**. Escucha otra vez para verificar tus respuestas.

C   F   **1.** Alfredo vio la película durante el fin de semana.

C   F   **2.** El monstruo de la película llegó de otro mundo.

C   F   **3.** El monstruo llegó a Nueva York.

C   F   **4.** Entró en un restaurante para beber algo.

C   F   **5.** Después de beber, el monstruo buscó algo para comer.

C   F   **6.** Comió muchas hamburguesas y un bizcocho.

C   F   **7.** Comió muchas frutas.

C   F   **8.** El monstruo se comió a un policía.

C   F   **9.** El presidente no vio al monstruo.

C   F   **10.** Al final, el monstruo desapareció en el océano.

Nombre _____

Fecha _____

¡DIME!
UNO

UNIDAD 6
LECCIÓN 2

¡A ESCUCHAR!

Pronunciación y ortografía

La pronunciación de r y rr

G There are two **r** sounds in Spanish, the single **[r]** sound and the double **[rr]** sound. You have already practiced the **[r]** sound after consonants. This sound also occurs between vowels and before consonants.

The **[r]** sound is pronounced much like the English double *d* in "pu*dd*le." Listen to the following words that contain the single **r**. Repeat each word after the speaker says it twice. (If you have difficulty producing this sound, think of the **r** as a **dd**.)

para	fuerte
héroe	verdad
mural	cerca
hora	tarjeta

H The **[rr]** sound is represented in spelling by the letter **rr** in the middle of words and the letter **r** at the beginning of words. Listen to the following words that contain the **[rr]** sound. Repeat each word after the speaker says it twice.

pe**rr**o	**r**ecibir
co**rr**eo	**r**osas
tie**rr**a	**r**egalo
te**rr**ible	**r**uinas

I Now listen to the speaker pronounce some words with **[r]** and **[rr]** sounds. Indicate whether each word you hear has the **[r]** or the **[rr]** sound by marking the appropriate column.

	[r]	*[rr]*
1.	☐	☐
2.	☐	☐
3.	☐	☐
4.	☐	☐
5.	☐	☐
6.	☐	☐
7.	☐	☐
8.	☐	☐
9.	☐	☐
10.	☐	☐

J Listen to the following tongue twister, or **trabalenguas,** that contains the [rr] sound. Repeat each line after the speaker. Then repeat the entire **trabalenguas** after you hear it once more. (You may have to repeat it several times before you can say it correctly.)

Erre con erre cigarro,
erre con erre barril.

Rápido corren los carros,
los carros del ferrocarril.

K Listen to the following proverbs, or **refranes,** that contain the [r] and [rr] sounds. Repeat each **refrán** after the speaker says it twice. Can you guess the meaning of each **refrán?** At the bottom of the page you will find the English version of these proverbs.

1. Para el mal de amores no hay doctores.

2. No es oro todo lo que reluce.

3. En boca cerrada no entran moscas.

4. Quien quiere a Romero quiere a su perro.

5. Perro que ladra no muerde.

6. Donde una puerta se cierra, otra se abre.

1. There is no cure for a broken heart. 2. All that glitters is not gold.
3. Silence is golden. (If you keep your mouth closed, you won't get in trouble.)
4. Love me, love my dog. 5. His/Her bark is worse than his/her bite.
6. Where one door shuts, another opens.

A **En Tlaquepaque.** Óscar, Javier, Lilia y Mónica tuvieron un día muy ocupado en Tlaquepaque. Completa las frases para decir lo que hicieron.

1. A Mónica le gustó la música de los _____ .

2. Mónica, Lilia, Óscar y Javier fueron a _____, un pueblo cerca de Guadalajara.

3. Mónica vio muchas cosas preciosas en el _____ de artesanías.

4. Mónica compró un montón de _____ .

5. Mónica, Lilia, Óscar y Javier fueron a un café al _____ libre.

6. Mónica y Óscar tuvieron que regresar en _____ .

7. Lilia y Javier regresaron en _____ .

B **Te invito.** ¿Qué les dices a estas personas para invitarlas a salir contigo?

MODELO   *Paquita / al cine*
Paquita, ¿quieres ir al cine conmigo? o
¿Te gustaría ir al cine conmigo?

1. Marta / ver una película

   _____

2. Héctor / ir al concierto

   _____

3. Elena y Tania / tomar un refresco

   _____

4. Rosario y Lisa / correr en el parque

   _____

5. Beto y Gregorio / jugar fútbol

   _____

6. Sergio y David / ir al zoológico

   _____

7. Tomás / salir

   _____

8. Ernesto / ir de compras

   _____

C **Gracias . . .** ¿Qué dices cuando te invitan?

EJEMPLO *¿Quieres ir al cine conmigo?*
¡Claro que sí! o **Gracias, pero no puedo ir contigo.**

1. ¿Te gustaría cantar con la banda?

   _____

2. ¿Quieres ir de compras conmigo?

   _____

3. ¿Quieres jugar tenis con Pablo?

   _____

4. ¿Te gustaría ir a la ópera con nosotros?

   _____

5. ¿Te gustaría bailar en la fiesta conmigo?

   _____

6. ¿Quieres pasear en calandria con las chicas?

   _____

7. ¿Quieres tomar helado conmigo?

   _____

8. ¿Te gustaría estudiar ciencias con Clara?

   _____

CH **¿Qué hiciste?** Pregunta qué hicieron estas personas durante el fin de semana.

MODELO ¿Qué __hicieron__ Rodrigo y Arturo?

1. ¿Qué _____ Pancho?
2. ¿Qué _____ las chicas bolivianas?
3. ¿Qué _____ Rosita?
4. ¿Qué _____ tú?
5. ¿Qué _____ Sergio y Lorenzo?
6. ¿Qué _____ nosotros?
7. ¿Qué _____ Teresa?
8. ¿Qué _____ yo?

D **Las fiestas fueron divertidas.** Completa estas descripciones con el pretérito del verbo **ser** y un adjetivo.

MODELO El partido de fútbol **fue muy divertido.**

1. La ópera _____

2. Los bailes rusos _____

3. La clase de biología _____

4. La exhibición de arte moderno _____

5. Las clases de la señora Hernández _____

6. El partido de béisbol _____

7. La cantante francesa _____

8. Las películas mexicanas _____

E **Le dimos un perro.** Elena recibió muchos regalos interesantes para su cumpleaños. ¿Qué le dieron estas personas?

MODELO Sus padres le **dieron un perro.**

1. Su novio le _____

2. Tú le _____

3. Sus tíos le _____

4. Nosotros le _____

5. El director del colegio le _____

6. Yo le _____

7. Clara y Silvia le _____

F **Vio las noticias.** Tú y tus amigos vieron muchos programas de televisión la semana pasada. ¿Qué programas vieron?

MODELO Mi hermano **vio** *Batman.*

1. Nosotros _____

2. Mis amigas [. . . y . . .] _____

3. Mi amigo [. . .] _____

4. Yo _____

5. Mis amigos [. . . y . . .] _____

6. Mi amiga [. . .] _____

7. Tú _____

G **Hice la tarea.** ¿Qué hicieron estas personas durante el fin de semana?

MODELO **Memo y Jaime alquilaron un video.**

	hacer la tarea
	ver una película española
Tomás	alquilar un video
Memo y Jaime	ir al concierto
Yo	darle un regalo a Elena
Los profesores	ir a un restaurante elegante
Tú	hacer una comida especial
Consuelo	dar una fiesta
Nosotros	ver una ópera
	escribir cartas
	correr diez millas

1. _____

2. _____

3. _____

4. _____

5. _____

6. _____

7. _____

Nombre _____

Fecha _____

¡DIME! UNO

UNIDAD 6
LECCIÓN 2

VOCABULARIO PERSONAL

In this lesson you learned some expressions used to extend, accept, and decline invitations, words used to describe a trip, and much more. Write the Spanish words and phrases that you learned in each category.

Diversiones

_____   _____

_____   _____

_____   _____

_____   _____

_____   _____

_____   _____

Cuentos de hadas

_____   _____

_____   _____

_____   _____

_____   _____

Verbos

_____   _____

_____   _____

_____   _____

_____   _____

_____   _____

_____   _____

_____   _____

_____   _____

Palabras y expresiones

_____   _____

_____   _____

_____   _____

_____   _____

_____   _____

_____   _____

_____   _____

_____   _____

_____   _____

_____   _____

Nombre _____

Fecha _____

¡DIME!
UNO

UNIDAD 6
LECCIÓN 2

¡A LEER!

Antes de empezar

¿Qué sabes del regateo (*bargaining*) en México? Da tus opiniones sobre las siguientes oraciones. Si crees que son ciertas marca **Sí,** y si te parecen falsas marca **No.**

Sí **No** 1. El regateo en los mercados es una práctica normal y aceptable.

Sí **No** 2. El regateo es simplemente un juego entre tú y el vendedor (la persona que vende).

Sí **No** 3. Es aceptable regatear en todas partes de México, en mercados, almacenes, tiendas de zapatos, taxis, restaurantes, etc.

Sí **No** 4. Al regatear, debes ofrecer el precio más bajo posible e insistir en ese precio y nada más.

Sí **No** 5. Al regatear, siempre quieres pagar el precio más bajo posible.

Sí **No** 6. Al regatear, el vendedor quiere que tú pagues el precio más bajo posible.

Sí **No** 7. El regateo es una costumbre que forma parte de la cultura mexicana.

Sí **No** 8. La mejor manera de regatear es ofrecer un precio absurdo para que el vendedor ofrezca un precio muy bajo.

Sí **No** 9. No debes ser cortés al regatear.

Sí **No** 10. A veces el vendedor baja el precio sin que tú ofrezcas un precio fijo.

LECTURA

Lee el artículo sobre el regateo en la página siguiente.

El Mercado Libertad y el regateo

En Guadalajara, en el barrio de San Juan de Dios, encontramos el Mercado Libertad, uno de los mercados más grandes de México. En el Mercado Libertad existen aproximadamente 2.800 puestos individuales. Allí venden todo tipo de comestibles y artesanías de diferentes materiales como cerámica, plata, cristal, cuero, tela, madera, palma, papel maché, etc.

En la parte superior del mercado hay fondas, donde se puede comprar algo para beber y restaurantes pequeños con variados antojitos mexicanos. Al pasar por esta sección, el visitante puede apreciar el aroma de muchos exquisitos platos mexicanos.

Como en todos los mercados mexicanos y latinoamericanos, el regateo es una parte fundamental del intercambio entre el comprador y el vendedor. Por lo general, no hay precios fijos en el mercado. El comprador primero le pide el precio al vendedor. Después puede pedir una rebaja. El vendedor, por su parte, trata de mantener el precio lo más alto posible.

Aunque pueda parecer un simple juego a las personas que no conocen el sistema, para los mexicanos el regateo es una costumbre que forma parte de la vida diaria. La mejor manera de conseguir una rebaja es siempre ser cortés y no ofender al vendedor con un precio demasiado bajo. Al regatear, no siempre es necesario que el comprador ofrezca un precio fijo. Con frecuencia basta con mostrar interés y esperar hasta que el vendedor rebaje el precio.

Los mercados en México atraen a muchísima gente. El Mercado Libertad en Guadalajara es tan popular que permanece abierto todos los días del año desde las 6:00 hasta las 20:00 horas.

Verifiquemos

Repasa tus respuestas de **Antes de empezar.** ¿Tienes que cambiar algunas de ellas? Hay cuatro respuestas afirmativas y seis negativas. Corrige las oraciones falsas.

1. _____
   _____

2. _____
   _____

3. _____
   _____

4. _____
   _____
   _____

5. _____
   _____

6. _____
   _____

7. _____
   _____

8. _____
   _____

9. _____
   _____

10. _____
    _____

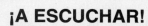

¡A ESCUCHAR!

A   **¿Tampoco fuiste tú?** Muy pocas personas fueron a la dedicación de la nueva biblioteca el jueves pasado. Escucha la conversación que Pepe y Berta tuvieron el viernes e indica en el cuadro la razón por la que no pudo ir cada persona. Escucha otra vez para verificar tus respuestas.

	limpiar	practicar fútbol	preparar comida	hacer tarea
Alicia				
Berta				
Darío				
mamá				
Nicolás				
Pepe				
Ramona				

¡Qué sorpresa! Recibiste una carta grabada en casete de una amiga. Escucha lo que dice e indica la secuencia cronológica de las escenas, escribiendo números del 1 al 6 en los dibujos. Escucha la carta otra vez para verificar tus respuestas.

C **El león y el ratón.** Encontraste un casete con esta fábula de Esopo. Primero lee las siguientes oraciones. Luego escucha la fábula y selecciona la mejor respuesta. Escucha la fábula otra vez para verificar tus respuestas.

1. El ratón decidió explorar . . .

    a. una escuela.

    b. una cueva.

    c. una casa.

    ch. un volcán.

2. El ratón descubrió . . .

    a. un animal grande.

    b. algo para comer.

    c. un animal pequeño.

    ch. un perro.

3. El ratón . . .

    a. no dijo nada.

    b. comió algo.

    c. capturó a un león.

    ch. se escapó.

4. El león . . .

    a. comió a un hombre.

    b. comió a un ratón.

    c. pidió ayuda.

    ch. vio a un ratón en una trampa.

5. El ratón . . .

    a. le sirvió comida al león.

    b. comió al león.

    c. ayudó al león.

    ch. imitó al león.

6. La moraleja de la fábula es . . .

    a. Todos somos importantes.

    b. Los leones son terribles.

    c. Los ratones son valientes.

    ch. Los animales son inteligentes.

CH **Un héroe mexicano.** ¿Sabes quién fue el primer presidente indígena de México? Primero lee estas oraciones sobre su vida. Luego escucha su biografía e indica la secuencia cronológica de los eventos, escribiendo números del 1 al 7 en los espacios en blanco. Escucha otra vez para verificar tus respuestas.

_____ Estudió para abogado.

_____ Fue a vivir con su hermana a la capital del estado.

_____ Fue gobernador de Oaxaca.

_____ Fue presidente de México.

_____ Murieron sus padres.

_____ Nació en un pueblo de Oaxaca, México.

_____ Vivió en Estados Unidos.

Pronunciación y ortografía

La ortografía: las letras r y rr

D You have learned that, in writing, the **[rr]** sound is represented by the letter **rr** between vowels and by the letter **r** at the beginning of words. The **[r]** sound is represented only by the single letter **r**. At the end of words, **r** may be pronounced either **[r]** or **[rr]** but it is always written as a single **r**. Listen to the following words that contain the **[r]** and **[rr]** sounds in different positions. Repeat each word after the speaker says it twice.

abril

martes

correr

Argentina

practicar

recibir

madrastra

griego

parque

recreo

E As you listen to the speaker pronounce each of the following words, fill in the missing letter: **r** or **rr**.

1. t＿a b a j a＿

2. s o m b＿e＿o

3. p i z a＿a

4. ＿e l o j

5. e x t＿a t e＿e s t＿e

6. g u e＿e＿o

7. c o m e＿

8. e＿o＿

9. i z q u i e＿d a

10. b a＿a t o

11. c o＿e g i＿

12. ＿o s a＿i o

F Now write each word you hear after the speaker says it twice.

1. _____

2. _____

3. _____

4. _____

5. _____

6. _____

7. _____

8. _____

9. _____

10. _____

A **Una excursión a Tlaquepaque.** Indica si estos comentarios sobre el viaje a Tlaquepaque son ciertos o falsos.

C F **1.** Mónica compró muchas cosas.

C F **2.** Pudieron subir todos al coche.

C F **3.** Mónica y Javier tuvieron que regresar en camión.

C F **4.** Mónica pensó en otro regalo para su mamá.

C F **5.** Mónica buscó a Óscar, pero no lo encontró.

C F **6.** Mónica corrió tras el camión.

C F **7.** Óscar golpeó la puerta del camión.

C F **8.** Óscar es el héroe de una leyenda.

C F **9.** Según Mónica, Óscar es muy valiente.

C F **10.** Óscar es el sobrino de Rosario.

B **Yo no pude jugar . . .** ¿Qué no pudieron hacer estas personas?

MODELO Susana **no pudo**   **1.** Nosotros _____   **2.** Alejandro _____
jugar fútbol.
_____   _____   _____

3. Luisa y Manuela _____   **4.** Tú _____   **5.** Jacinto _____

_____   _____   _____

© D.C. Heath and Company

C   **Tuvo tiempo . . .** ¿Tuvieron tiempo de hacer estas actividades?

MODELO   Yo no ___tuve___ tiempo para esquiar este invierno.

1. Horacio _____ tiempo de ir al concierto.

2. Nosotros no _____ tiempo de ir al partido de tenis.

3. Tú _____ tiempo de ir al dentista.

4. Beatriz y Concepción no _____ tiempo de ir al cine.

5. Yo _____ tiempo de ir a la clase de baile.

6. Mamá _____ tiempo de ir a la exhibición de cerámica.

7. Los chicos no _____ tiempo de ir al baile del colegio.

8. El director no _____ tiempo de ir a la recepción.

CH   **Tuviste que . . .** ¿Qué obligaciones tuvieron tú y tus amigos la semana pasada?

MODELO   **Mis amigos Warren y Jan tuvieron que escribir una composición.**

yo mi amiga [. . .] mis amigos [. . . y . . .] tú tú y yo	estudiar para un examen leer *Don Quijote* escribir una composición trabajar en un hospital practicar la guitarra limpiar la casa ir al dentista visitar a los abuelos cantar en una fiesta

1. _____

2. _____

3. _____

4. _____

5. _____

6. _____

7. _____

8. _____

9. _____

10. _____

Nombre _____

Fecha _____

¡DIME!
UNO
UNIDAD 6
LECCIÓN 3

¡A ESCRIBIR!

D **Vino por avión.** Los invitados vinieron a la boda de la profesora de matemáticas usando varios medios de transporte. ¿Recuerdas cómo vinieron estas personas?

EJEMPLO Bárbara **vino a pie.**

1. Sus padres _____

2. Julieta _____

3. Tú _____

4. Los estudiantes _____

5. El director de la escuela _____

6. El novio _____

7. Yo _____

8. Felicia e Isidro _____

E **Vino a las tres.** ¿A qué hora vinieron los invitados a la boda?

MODELO *Tomás / 3:15* **Vino a las tres y cuarto.**

1. Nosotros / 2:45 _____

2. Los padres del novio / 3:00 _____

3. Jorge / 2:30 _____

4. Tú / 2:35 _____

5. Sara y David / 3:10 _____

6. La novia / 3:45 _____

F **1º de abril.** Como ayer fue el primero de abril, tú y tus amigos dijeron cosas absurdas en la clase de historia. ¿Qué dijeron?

MODELO Carlota ___*dijo*___ que Colón descubrió Hawaii.

1. Yo _____ que Pizarro pintó la Mona Lisa.

2. Rodrigo y Paco _____ que los mayas vivieron en Japón.

3. Tú _____ que Don Quijote fue rey de España.

4. Nosotros _____ que los aztecas inventaron el avión.

5. Sofía y Ana _____ que Popocatépetl es la capital de Perú.

6. Raquel _____ que Bolivia está al norte de Canadá.

Querida familia. Completa la carta en la que Mónica le cuenta a su familia todo lo que pasó en la excursión a Tlaquepaque. Usa el pretérito.

Querida familia,

¡Imagínense! Ayer Lilia, sus primos y yo _____ (ir) a Tlaquepaque. Yo _____ (comprar) tantas cosas que nosotros no _____ (poder) subir todos al coche. Óscar y yo _____ (tener) que regresar en camión. _____ (Tener) que esperar un buen rato. Yo _____ (ir) a una tienda por sólo un momento antes de llegar el camión. Cuando el camión _____ (llegar), yo no _____ (poder) encontrar a Óscar y _____ (subir) al camión sin él. Óscar me _____ (ver) subir y _____ (empezar) a correr hacia el camión. Él _____ (correr) tras el camión y por fin _____ (poder) subir. Nosotros _____ (llegar) a casa tarde. Pero yo _____ (tener) un buen día y ahora tengo regalos para todos.

Abrazos de
Mónica

H **El lunes hubo . . .** ¿Qué hubo en la ciudad la semana pasada? Escribe una frase describiendo cada evento.

lunes	
martes	
miércoles	
jueves	
viernes	
sábado	
domingo	

1. _____
_____

2. _____
_____

3. _____
_____

4. _____
_____

5. _____
_____

6. _____
_____

7. _____
_____

In this lesson you learned an Aztec legend, names for modes of transportation, and expressions used to describe a series of past events. Write the Spanish words and phrases that you learned in each category and any other new vocabulary you want to remember.

Una leyenda azteca

_____   _____

_____   _____

_____   _____

_____   _____

_____   _____

_____   _____

_____   _____

_____   _____

_____   _____

_____   _____

_____   _____

Transportación

_____   _____

_____   _____

_____   _____

_____   _____

_____   _____

_____   _____

_____   _____

Comidas

_____   _____
_____   _____
_____   _____

Verbos

_____   _____
_____   _____
_____   _____
_____   _____
_____   _____
_____   _____
_____   _____
_____   _____
_____   _____

Palabras y expresiones

_____   _____
_____   _____
_____   _____
_____   _____
_____   _____
_____   _____
_____   _____
_____   _____

¡A JUGAR Y PENSAR!

A **Notas secretas.** Patricia y Carla están intercambiando notas en clase. No quieren que el profesor comprenda lo que escriben. Por eso utilizan un código secreto. ¿Puedes descifrar el código? Descifra sus notas escribiendo las palabras codificadas en español.

Querida Carla,
¡Qué día ésap _____ ayer!
Por la tarde, Luisa y yo somiuf _____
a ramot _____ un refresco en el
Café Dorado. Después iuf _____ a casa.
Mi hermano óhcucse _____ discos y
no edup _____ raidutse _____.
¡Y ognet _____ examen hoy en
matemáticas!

Patricia

Patricia,
Odneitne _____. Mis
hermanos noracot _____
la guitarra y noratnac
_____ por tres horas
anoche. Yo éraperp _____
un pastel especial para mi
papá. A él le ótsug _____
muchísimo.

Carla

Carla,
¿Sébas? _____ Toño ótivni _____
a Luisa al baile.

Patricia

Patricia,
¡Qué av _____! No me
sagid _____ yo voy _____
con Ramón. El sábado pasado
somilas _____ al parque.
Somibus _____ a las
lanchas. ¡Qué divertido!
También somimoc _____
en el café en el lago. El se
_____ tan generoso y ¡tan
guapo! ¡Cuidado! ¡Allí
eneiv _____ la profesora!

Carla

B **¿Te entiende?** Ahora escríbele una nota secreta a tu compañero(a) y él o ella te va a escribir una a ti. Continúen intercambiándose notas unas tres o cuatro veces.

A **¡Qué partido!** Oyes hablar a varias personas en un partido de fútbol. ¿Quién hizo estos comentarios?—un **jugador,** un **aficionado** o **ambos**? Marca la columna apropiada. Escucha otra vez para verificar tus respuestas.

	jugador(a)	aficionado(a)	ambos
1.	☐	☐	☐
2.	☐	☐	☐
3.	☐	☐	☐
4.	☐	☐	☐
5.	☐	☐	☐
6.	☐	☐	☐
7.	☐	☐	☐
8.	☐	☐	☐
9.	☐	☐	☐
10.	☐	☐	☐

B **¿Éste o aquél?** Estás en un almacén donde oyes varios comentarios. Escucha y decide si la persona que habla está *cerca* o *lejos* de los objetos o personas que se mencionan. Escucha otra vez para verificar tus respuestas.

	cerca	lejos
1.	☐	☐
2.	☐	☐
3.	☐	☐
4.	☐	☐
5.	☐	☐
6.	☐	☐
7.	☐	☐
8.	☐	☐
9.	☐	☐
10.	☐	☐

© D.C. Heath and Company

C **¿Vas a jugar?** Escucha esta conversación entre dos jóvenes deportistas e indica qué deportes mencionan. Escucha otra vez para verificar tus respuestas.

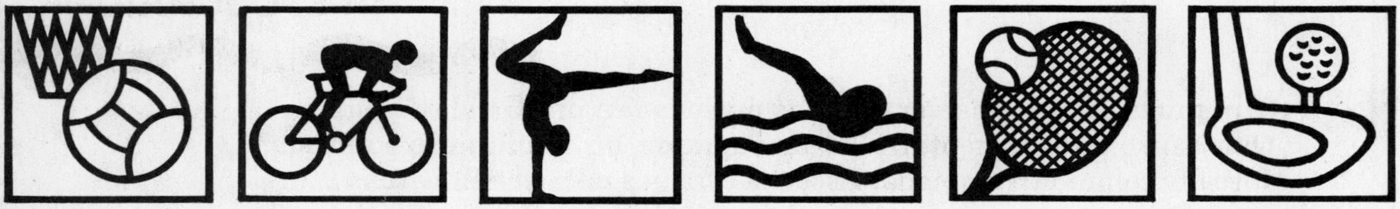

______ ______ ______ ______ ______ ______

CH **Opiniones.** Varias personas están hablando de las actividades que hicieron durante el fin de semana. Indica si sus comentarios son positivos o negativos. Escucha otra vez para verificar tus respuestas.

1. + –

2. + –

3. + –

4. + –

5. + –

6. + –

7. + –

8. + –

D **¿Qué pasó?** Ayer no pudiste ir al partido de fútbol. Hoy una amiga te está contando lo que pasó. Escucha lo que te dice e indica la secuencia cronológica de los eventos, escribiendo el número apropiado en cada dibujo. Escucha otra vez para verificar tus respuestas.

E

Una entrevista. Un reportero está entrevistando a una deportista. Primero lee las siguientes oraciones. Luego escucha la entrevista e indica si las oraciones son **ciertas** o **falsas.** Escucha otra vez para verificar tus respuestas.

C   F   **1.** El deporte principal de Martina es el béisbol.

C   F   **2.** El equipo de Martina ganó el último partido.

C   F   **3.** A Martina le gusta su entrenadora.

C   F   **4.** Este es el primer año que Martina juega con el equipo.

C   F   **5.** Martina empezó a jugar volibol en la universidad.

C   F   **6.** La familia Gómez tiene poco interés en los deportes.

C   F   **7.** Martina practica varios deportes.

C   F   **8.** Martina practica con el equipo todos los días.

C   F   **9.** A Martina le gusta nadar.

C   F   **10.** Martina es profesora de educación física.

Pronunciación y ortografía

La pronunciación de las letras b, v y d

F In Spanish, **b** and **v** are pronounced the same. The spelling of words containing these two letters must be memorized. There is no sound in Spanish like the English *v* in *very*. At the beginning of a sentence, after a pause, or after **m** or **n**, the letters **b** and **v** are pronounced like the English *b* in *boy*—that is, with a "hard *b*" sound. Listen to the following words or phrases that contain **b** or **v** in these positions. Repeat each one after the speaker says it twice.

bailar	**b**aloncesto	¿**V**erdad?	in**v**ierno
bom**b**ero	**V**en.	**v**ender	un **v**erdadero amigo
boxeo	**V**amos.		

G In other positions, the **b** and **v** are pronounced with the lips just slightly touching—that is, with a "soft *b*" sound. Listen to the following words or phrases that contain the **b** or **v** with this pronunciation. Repeat each one after the speaker says it twice.

ár**b**itro	Le**v**ántala.	tu**v**iste
A **v**er.	ca**b**eza	Muy **b**ien.
Ya **v**iene.	o**b**servar	A**b**re la **v**entana.

H Using the information you have just learned, listen to these words or phrases that contain **b** or **v** and indicate whether the sound is "hard" or "soft."

	"hard"	*"soft"*		*"hard"*	*"soft"*
1.	☐	☐	**6.**	☐	☐
2.	☐	☐	**7.**	☐	☐
3.	☐	☐	**8.**	☐	☐
4.	☐	☐	**9.**	☐	☐
5.	☐	☐	**10.**	☐	☐

I Look at the following words or phrases and indicate whether the pronunciation of the underlined letter would be "hard" or "soft." Then pronounce each word or phrase after the speaker says it twice.

		"hard"	*"soft"*			*"hard"*	*"soft"*
1.	¡<u>B</u>ien hecho!	☐	☐	**6.**	De<u>b</u>emos esperar.	☐	☐
2.	el sá<u>b</u>ado	☐	☐	**7.**	Ha<u>b</u>ló mucho.	☐	☐
3.	cam<u>b</u>io	☐	☐	**8.**	<u>V</u>a a empezar.	☐	☐
4.	<u>V</u>ale.	☐	☐	**9.**	un <u>b</u>uen regalo	☐	☐
5.	No lo <u>v</u>eo.	☐	☐	**10.**	Es la <u>v</u>erdad.	☐	☐

J The letter **d** in Spanish also has two sounds. At the beginning of a sentence, after a pause, or after **n** or **l**, the **d** is "hard." It is pronounced by putting the tip of your tongue behind your top front teeth. Listen to the following words or phrases that contain **d** with this pronunciation. Repeat each one after the speaker says it twice.

¡**D**ime!	¡**D**ios mío!	¡**D**ale!	in**d**icaciones	el **d**ía
¿**D**ónde?	**D**éjame ver.	an**d**ar	un **d**olor	el **d**eporte

K Elsewhere, the **d** in Spanish sounds much like the English *th* in *the*. Listen to the following words or phrases that contain this sound. Repeat each one after the speaker says it twice.

limona**d**a	ma**d**re	¿ver**d**a**d**?	to**d**os los **d**ías
me **d**uele	recuer**d**a	los **d**e**d**os	al la**d**o **d**e **D**aniel

L Using the information you have just learned, listen as each word or phrase that contains **d** is pronounced twice. Then indicate whether the sound is "hard" or "soft." Listen again and check your answers.

	"hard"	"soft"		"hard"	"soft"
1.	☐	☐	6.	☐	☐
2.	☐	☐	7.	☐	☐
3.	☐	☐	8.	☐	☐
4.	☐	☐	9.	☐	☐
5.	☐	☐	10.	☐	☐

LL Look at the following words or phrases and indicate whether the pronunciation of the **d** would be "hard" or "soft." Then pronounce each word or phrase after the speaker says it twice as you check your answers.

		"hard"	"soft"			"hard"	"soft"
1.	el mun**d**o	☐	☐	6.	la comi**d**a	☐	☐
2.	**D**ecidí salir.	☐	☐	7.	¡**D**ime!	☐	☐
3.	**D**ecidimos regresar.	☐	☐	8.	un buen parti**d**o	☐	☐
4.	un **d**eportista	☐	☐	9.	el **d**octor	☐	☐
5.	a la izquier**d**a	☐	☐	10.	le pi**d**ió	☐	☐

A **¿Quién es este chico?** Estás mirando el álbum de un(a) amigo(a). Pregunta quiénes son las personas que no conoces.

MODELO   **¿Quién es este señor?**

1. _____

2. _____

3. _____

4. _____

5. _____

6. _____

B **¡Qué familia!** Estás en una reunión familiar. Explícale a tu hermanito quiénes son todas las personas.

MODELO   <u>Esas</u> chicas rubias son Clara y Pepa.

1. _____ señoras altas son tus tías Isabel y Ramona.

2. _____ niño pelirrojo es tu primo, Chucho.

3. _____ jóvenes delgados jugando volibol son los hermanos López.

4. _____ señor es el abuelo de Chucho.

5. _____ señorita pelirroja es Marta, la hermana mayor de Chucho.

6. _____ chico gordito es el hijo de tía Isabel.

7. _____ niñas son Silvia y Mercedes.

8. _____ señores son los padres de Mercedes.

9. _____ señoras mayores son abuelita y su hermana.

C **¡Es mejor aquélla!** Marta y Chepina van de compras. Cada vez que Marta ve algo que le gusta, Chepina dice que ella prefiere otra cosa. Completa la conversación de las dos chicas.

MODELO   MARTA   Me gusta __este__ sombrero.

             CHEPINA   Es bonito, pero yo prefiero __aquellos__ sombreros.

1. MARTA   ¡_____ blusa es divina!

     CHEPINA   Uy, no. _____ blusa es más bonita.

2. MARTA   ¿No te gustan _____ faldas?

     CHEPINA   ¡No! Prefiero _____ falda.

3. MARTA   Me encantan _____ zapatos.

     CHEPINA   Pues, me gustan más _____ zapatos.

4. MARTA   _____ chaqueta es perfecta.

     CHEPINA   ¡Ay, no, es fea! Me encanta _____ chaqueta.

CH **Le gusta la gimnasia.** A ti y a tus amigos les gustan varios deportes. Indica los deportes que les gustan a estas personas.

1. A Alejandro le gusta

_____ .

2. A los chicos fuertes les gusta

_____ .

3. A mí me gusta

_____ .

4. A Toño le gusta

_____ .

5. A nosotros nos gusta

_____ .

6. A ti te gusta

_____ .

7. A las chicas les gusta

_____ .

8. A todos nosotros nos gusta

_____ .

D **En mi opinión . . .** Escribe tu opinión de estos deportes.

MODELO **El baloncesto es fantástico.**

el baloncesto	el béisbol		estupendo	emocionante
el golf	el esquí		horrible	difícil
la natación	la gimnasia		bueno	fácil
el jai alai	el ping-pong		malo	aburrido
el tenis	el fútbol		fantástico	interesante

1. _____

2. _____

3. _____

4. _____

5. _____

6. _____

7. _____

8. _____

9. _____

10. _____

E **¿Qué leíste?** El verano pasado los estudiantes tuvieron que leer muchísimo. ¿Qué leyeron estas personas?

1. Daniel _____ diez novelas.

2. Yo _____ *Lo que el viento se llevó.*

3. Marta _____ todos los libros de Sidney Sheldon.

4. Gisela y Cristina _____ quince novelas románticas.

5. Nosotros _____ el periódico todos los días.

6. Sebastián _____ *Cien años de soledad.*

7. Tú _____ tres novelas de Charles Dickens.

8. Las hermanas Padilla _____ un libro de cuentos folklóricos peruanos.

F **La casa antigua.** El sábado pasado tú y unos amigos fueron a una antigua casa desocupada. ¿Qué oyeron ustedes?

MODELO Pepe no __oyó__ nada.

1. Kati _____ algo.

2. Yo no _____ nada.

3. Los hermanos Ruiz no _____ nada.

4. Tú _____ algo.

5. Tomás _____ algo.

6. Carmen y yo no _____ nada.

7. ¿Qué _____ ustedes?

G **¿Qué hicieron?** ¿Qué hicieron estas personas el fin de semana pasado?

buscar   calificar   sacar   practicar   criticar
dedicar   explicar   comunicar   chocar   tocar

1. Alejandro se _____ en su coche con un autobús.

2. Pepa y Trinidad se _____ con sus abuelos.

3. El autor le _____ su nuevo libro a su esposa.

4. Yo _____ a mi gato por todas partes.

5. Los profesores _____ exámenes.

6. Yo le _____ la lección de química a Donato.

7. Tú les _____ fotos a nuestros primos.

8. Yo _____ para un recital de piano.

9. Un famoso escritor _____ la nueva película.

10. Yo _____ la guitarra en la fiesta.

Nombre _____

Fecha _____

¡DIME!
UNO

UNIDAD 7
LECCIÓN 1

¡A ESCRIBIR!

H **Ayer.** Ayer por la tarde Marcos y Luis estuvieron muy ocupados. Según Marcos, ¿qué hicieron él y Luis?

1. (jugar) Yo _____ Nintendo.

2. (llegar) Luis _____ tarde a mi casa.

3. (jugar) Nosotros _____ tenis por dos horas.

4. (entregar) Luis me _____ las invitaciones para la fiesta.

5. (llegar) Después fuimos al mercado, pero _____ casi a la hora de cerrar.

6. (pagar) Yo _____ los refrescos y Luis

_____ las decoraciones.

I **¿Cuándo empezó?** ¿Cuándo empezaron estos eventos?

1. El concierto _____ a las ocho.

2. Yo _____ la clase de baile a las tres.

3. El partido _____ a las cuatro.

4. Nosotros _____ la presentación a las siete.

5. Yo _____ mis clases de arte el martes.

6. Los exámenes _____ el lunes.

7. ¿Cuándo _____ la película?

8. ¿_____ tú la clase de karate el martes?

J **Mi jugador favorito.** Escribe un párrafo sobre tu jugador(a) favorito(a). Incluye una descripción del jugador o jugadora. Explica cuándo y dónde juega, cuándo empezó a jugar y cualquier otra información. Debes escribir de 8 a 10 oraciones.

_____

_____

_____

_____

_____

_____

_____

_____

_____

_____

_____

_____

Nombre _____

Fecha _____

¡DIME!
UNO

UNIDAD 7
LECCIÓN 1

VOCABULARIO PERSONAL

In this lesson you learned the names of sports, terms used in various sports, and how to point out specific people and things. Write the Spanish words and phrases that you learned in each category.

Los deportes

_____   _____

_____   _____

_____   _____

_____   _____

_____   _____

_____   _____

_____   _____

_____   _____

_____   _____

_____   _____

En un partido

_____   _____

_____   _____

_____   _____

_____   _____

_____   _____

_____   _____

_____   _____

_____   _____

_____   _____

_____   _____

Partido de fútbol

_____

_____

_____

_____

_____

_____

_____

_____

Partido de béisbol

_____

_____

_____

_____

_____

_____

_____

_____

_____

_____

Verbos

_____

_____

_____

_____

_____

_____

_____

_____

Demostrativos

_____

_____

_____

_____

_____

_____

Palabras y expresiones

_____

_____

_____

_____

_____

_____

_____

_____

Antes de empezar

Antes de leer el artículo, contesta las preguntas siguientes. Si no sabes la respuesta, trata de seleccionar la respuesta más lógica.

1. En Estados Unidos, ¿qué deporte tiene el mayor número de deportistas latinoamericanos?

   a. fútbol   **b.** béisbol   **c.** baloncesto   **ch.** tenis

2. ¿Cuáles son los dos países de donde vienen la mayor parte de los beisbolistas latinos que juegan en Estados Unidos?

   a.   Cuba y República Dominicana

   b.   Puerto Rico y Venezuela

   c.   Panamá y México

   ch. Nicaragua y España

3. ¿Cuántos latinos han ganado el Premio Cy Young, que se ofrece al mejor lanzador del año?

   a. 0   **b.** 1   **c.** 2   **ch.** 3

4. ¿Cuántos latinos han sido nombrados al Salón de la Fama en béisbol?

   a. 5   **b.** 8   **c.** 10   **ch.** 15

LECTURA

UN SALON DE FAMA LATINO

Los latinos son muy aficionados a los deportes y cada vez más los vemos destacarse en competencias deportivas internacionales. De los seis países que han ganado la Copa Mundial de fútbol, tres—Argentina, Brasil y Uruguay— son latinos. Recientemente dos deportistas hispanas, la puertorriqueña Gigi Fernández y la española Arantxa Sánchez Vicario, se destacaron en competencias mundiales de tenis. Pero en Estados Unidos, donde más sobresalen los deportistas latinos es en el béisbol. Más de mil latinos juegan en las ligas menores americanas y dominicanas. Otros cien hispanos juegan en equipos de las grandes ligas. Esta última cifra representa el 16 por ciento del total de los jugadores de las grandes ligas.

Veamos algunos datos y hechos de un salón de fama latino que actualmente está en pleno desarrollo en este país.

DATOS Y HECHOS

Los jugadores y los momentos más destacados a lo largo del historial latino en el béisbol

Juan Marichal

Salón de la Fama

No hay mayor honor. Han ingresado 209 jugadores y dirigentes. Cinco son hispanos. Clemente y Carew pertenecen a un grupo selecto de 23 que fueron seleccionados en su primer año de eligibilidad. En esta lista se ofrecen los años en que ingresaron y los que jugaron.

1991 Rod Carew (Pan)
      1967- 85
1984 Luis Aparicio (Ven)
      1956- 73
1983 Juan Marichal (RD)
      1960-75
1977 Martín Dihigo (Cuba)
      1923-?
1973 Roberto Clemente (PR)
      1955 -72

Cy Young

Premio al mejor lanzador
 de cada liga

1984 Willie Hernández (PR)
      Detroit
1981 Fernando Valenzuela
      (Mex) Los Angeles
1969 Mike Cuéllar (Cuba)
      Baltimore

Promedio de Bateo
Los mejores 10 bateadores latinos de todos los tiempos

Rod Carew (Pan) 1967-85	.328
Roberto Clemente (PR) 1955-72	.317
Mateo Alou (RD) 1960-74	.307
Pedro Guerrero (RD) 1978-90	.305
Tony Oliva (Cuba) 1962-76	.304
Manny Mota (RD) 1962-82	.304
Rico Carty (RD) 1963-79	.299
Orestes Minoso (Cuba) 1949-80	.298
Orlando Cepeda (PR) 1958-74	.297
Manny Sanguillen (Pan) 1967-80	.296

Cuadrangulares   *40 cuadrangulares durante una temporada es la cifra que define a un bateador con potencia. Cinco latinos lo han conseguido.*

47 George Bell (RD) Toronto 1987
46 Orlando Cepeda (PR) S.F. 1961
43 Tony Armas (Ven) Boston 1984
42 José Canseco (Cuba) Oakland 1988
40 Tony Pérez (Cuba) Cin. 1970

El récord latino de cuadrangulares pertenece a dos:

379 Orlando Cepeda (PR) 1958-74
379 Tony Pérez (Cuba) 1964-86

Juegos Ganados

Los mejores 10 lanzadores latinos de todos los tiempos

	JG-JP	EFECTIVIDAD	PONCHES
Juan Marichal (RD) 1960-75	243-142	2.89	2,303
Luis Tiant (Cuba) 1964-82	229-172	3.30	2,416
Adolfo Luque (Cuba) 1914-35	193-179	3.24	1,130
Mike Cuéllar (Cuba) 1959-77	185-130	3.14	1,632
John Candelaria (PR) 1975-90	174-113	3.29	1,595
Camilo Pascual (Cuba) 1954-71	174-170	3.63	2,167
Dennis Martínez (Nic) 1976-90	163-134	3.82	1,423
Fernando Valenzuela (Mex) 1980-90	141-116	3.31	1,759
Juan Pizarro (PR) 1957-74	131-105	3.43	1,522
Joaquín Andujar (RD) 1976-88	127-118	3.58	1,032

Verifiquemos

1. ¿De qué países son los cinco jugadores latinos nombrados al Salón de la Fama de béisbol? Da el nombre y el país de origen de cada jugador.

_____   _____

_____   _____

_____   _____

_____   _____

2. ¿Quién fue el jugador latino nombrado al Salón de la Fama más recientemente?

_____

3. Entre los mejores lanzadores latinos, ¿cuántos son de los siguientes países?

___ ¿Cuba?

___ ¿República Dominicana?

___ ¿Puerto Rico?

4. ¿Cuántos lanzadores latinos recibieron el Premio Cy Young? ¿Cómo se llaman?

_____

5. ¿En qué año bateó José Canseco el mayor número de cuadrangulares? ¿Cuántos bateó?

_____

6. ¿Cuál es el récord de cuadrangulares para jugadores latinos? ¿Quiénes lo tienen?

_____

_____

Nombre _____

Fecha _____

¡DIME!
UNO

UNIDAD 7
LECCIÓN 2

¡A ESCUCHAR!

A   **¡Monstruo!** Tú eres Ígor, el asistente del Dr. Frankenstein, y ahora vas a ayudarlo a construir un monstruo. Escucha lo que te dice el doctor y escribe el número apropiado en cada dibujo para indicar el orden en que se necesitan las partes del cuerpo.

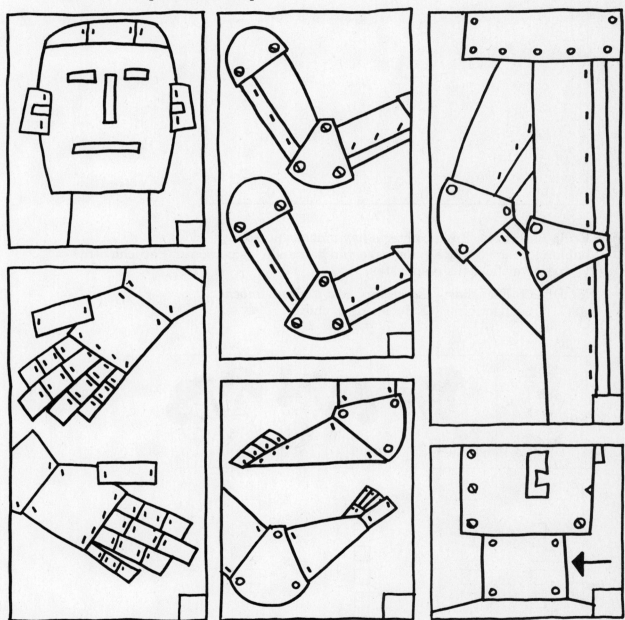

B **¡Qué guapo!** Tú eres el ilustrador de un libro de ciencia ficción. Escucha las instrucciones de la autora y dibuja la criatura que ella describe. Escucha otra vez para verificar el dibujo.

C **En la cafetería.** En la cafetería hay muchas personas y todos están hablando. Indica sobre quién(es) están hablando las personas. Escucha otra vez para verificar tus respuestas.

MODELO Escuchas: *La acompañé a la fiesta anoche.*
Escribes: **X** debajo de la chica

1.
2.
3.
4.
5.
6.
7.
8.

Nombre _____

Fecha _____

¡DIME!
UNO

UNIDAD **7**
LECCIÓN **2**

¡A ESCUCHAR!

CH **¡Qué lástima!** Primero lee las siguientes oraciones. Luego escucha la conversación telefónica entre Esteban y Gloria e indica si las oraciones son **ciertas** o **falsas.** Escucha otra vez para verificar tus respuestas.

C   F   **1.** El hermano de Gloria está enfermo.

C   F   **2.** Gloria no durmió bien anoche.

C   F   **3.** Gloria comió en un restaurante anoche.

C   F   **4.** Silvia no pidió nada.

C   F   **5.** Silvia comió lo que le sirvieron.

C   F   **6.** A Silvia le empezó a doler la cabeza.

D **¡Qué aventura!** Bombón no regresó a su casa la semana pasada. ¿Adónde fue? Escucha la historia e indica en el mapa todos los lugares que visitó. Escucha otra vez para verificar tus respuestas.

¡Ay, doctor! Varias personas están esperando al médico en una clínica.
¿Qué les duele? Escucha lo que dicen de sus problemas y dibuja la parte del
cuerpo que le duele a cada paciente.

1

2

3

4

5

6

7

8

Nombre _____

Fecha _____

¡DIME!
UNO

UNIDAD 7
LECCIÓN 2

¡A ESCUCHAR!

Pronunciación y ortografía

La pronunciación de la letra g y repaso de las letras b, v y d

F Like the letters **b**, **v** and **d**, the Spanish **g** varies in pronunciation. You have already seen that before **i** and **e** it sounds like the Spanish **j**, as in **gente**. Before the other vowels or a consonant, it can have either a "hard" or "soft" **g** sound. At the beginning of a sentence, after a pause, or after **n** it has a hard sound, like the English *g* in *guess*. Listen to the following words or phrases that contain the "hard" **g** sound. Repeat each one after the speaker says it twice.

¡Ganamos!	Gabriel es alto.	Voy con Gloria.
¡Gol!	en Granada	Tengo que estudiar.
¡Grita!		

G Between vowels and in other positions, the **g** has a "soft" sound produced with the back of the tongue just slightly touching the roof of your mouth. Listen to the following words or phrases that contain the "soft" **g** sound. Repeat each one after the speaker says it twice.

me gusta	delgado	Te digo.
agua	segundo	Debe guardar cama.
lago	juega	Mucho gusto.

H Using the information you have just learned, listen to the following words or phrases that contain **g** and indicate whether the sound is "hard" or "soft." As you listen again, pronounce each item after the speaker says it once, and check your answers.

	"hard"	*"soft"*		*"hard"*	*"soft"*
1.	☐	☐	6.	☐	☐
2.	☐	☐	7.	☐	☐
3.	☐	☐	8.	☐	☐
4.	☐	☐	9.	☐	☐
5.	☐	☐	10.	☐	☐

I First look at the following sentences and phrases and indicate whether the underlined **g** would be "hard" or "soft." Then listen as the speaker pronounces each item and check your answers.

		"hard"	"soft"			"hard"	"soft"
1.	<u>G</u>anaron el partido.	☐	☐	**6.** un <u>g</u>ran hombre	☐	☐
2.	Conse<u>g</u>uí el trabajo.	☐	☐	**7.** ¡Qué <u>g</u>uapo!	☐	☐
3.	¿Te <u>g</u>ustó?	☐	☐	**8.** hambur<u>g</u>uesa	☐	☐
4.	Me encanta el tan<u>g</u>o.	☐	☐	**9.** <u>G</u>uarda cama.	☐	☐
5.	¿Vienes conmi<u>g</u>o?	☐	☐	**10.** en la i<u>g</u>lesia	☐	☐

J Using what you learned in Lessons 1 and 2 of this unit, listen to the following sentences that contain the letters **b, v, d,** and **g** and underline all the "hard" sounds. You will hear each sentence twice.

1. Es un **g**ran a**b**oga**d**o.

2. **G**re**g**orio está muy a**b**urri**d**o hoy.

3. ¿A**d**ónde **v**as con tu ami**g**o?

4. Cam**b**iaron mucho **d**inero.

5. ¡**B**ien**v**eni**d**o a **G**uadalajara!

K Now listen to the following sentences as they are said twice, paying particular attention to the letters in bold type. Indicate the pronunciation of the letters by underlining the "soft" sounds.

1. Ten**g**o los **b**om**b**ones para la **b**o**d**a.

2. Per**d**í un **g**ol en el último parti**d**o.

3. **D**urante el **d**ía le **g**usta **d**escansar.

4. ¿Quieres **b**ailar un tan**g**o conmi**g**o?

5. ¿Cuán**d**o lle**g**a Al**d**onza, el jue**v**es?

A **Me duele . . .** Después de la clase de gimnasia, a todos les duele una parte del cuerpo. Escribe lo que dice cada persona, según los dibujos.

MODELO **Me duele el** _____ 1. _____ 2. _____

brazo.

3. _____ 4. _____ 5. _____

_____ _____ _____

6. _____ 7. _____ 8. _____

_____ _____ _____

B **¿Qué les duele?** El entrenador de gimnasia les pregunta a todos sus estudiantes dónde sienten dolor. ¿Qué les pregunta a estas personas?

MODELO   Pablo, ¿ **te duelen** los pies?

1. Marta, ¿————————— los brazos?

2. Silvia, ¿————————— el cuello?

3. Miguel y Tomás, ¿————————— la espalda?

4. Gloria y Sofía, ¿————————— los pies?

5. Paquita, ¿————————— la nariz?

6. Jorge, ¿————————— las piernas?

7. Chela y Dorotea, ¿————————— las rodillas?

8. José Luis, ¿————————— el estómago?

C **¿De verdad?** Esta semana salió un número especial del periódico estudiantil y no puedes creer todo lo que leíste. Para cada noticia, escribe una reacción.

MODELO   *Los estudiantes prepararon el nuevo video.*
¿De verdad? ¿Los estudiantes lo prepararon?

1. El director tocó el piano el viernes pasado.

_____

2. Los chicos juegan jai alai este año.

_____

3. Los profesores perdieron los exámenes.

_____

4. La Sra. Martínez limpió la sala de clase el sábado.

_____

5. Los jugadores de fútbol leyeron las lecciones.

_____

6. El Sr. León sirvió la pizza en la cafetería.

_____

CH **¿Lo hiciste?** Silvia y Gloria están planeando una fiesta. Completa la conversación.

MODELO GLORIA *¿Enviaste las invitaciones?*
SILVIA **Sí, las envié.**

1. GLORIA ¿Limpiaste la casa?

   SILVIA _____

2. SILVIA ¿Invitaste a los hermanos Blanco?

   GLORIA _____

3. SILVIA ¿Pediste las pizzas?

   GLORIA _____

4. GLORIA ¿Compraste los refrescos?

   SILVIA _____

5. SILVIA ¿Arreglaste los discos?

   GLORIA _____

D **¿Van a invitarnos?** Silvia, Gloria, David y Sergio están hablando de la fiesta que las chicas van a dar. Completa la conversación.

MODELO *invitarnos*
DAVID **¿Van a invitarnos?**
GLORIA **Sí, vamos a invitarlos.**

1. ayudarnos con la música

   SILVIA _____

   SERGIO _____

2. esperarnos en el patio

   DAVID _____

   GLORIA _____

3. acompañarnos a comprar los refrescos

   SILVIA _____

   SERGIO _____

4. invitarnos a bailar

   DAVID _____

   GLORIA _____

E **Después del partido.** El director de la escuela está hablando con su secretaria de la terrible condición física de todos después del partido de volibol entre los profesores y los estudiantes. Según él, ¿cómo se sintieron todos después del partido?

MODELO La profesora Chávez __sintió__ un tremendo dolor de cabeza.

1. Todos nosotros _____ dolor en diferentes partes del cuerpo.

2. Los profesores _____ dolor de espalda.

3. Carlota _____ dolor de estómago.

4. Yo _____ un dolor en el cuello.

5. Todos los estudiantes _____ dolor en los pies.

6. El chico boliviano _____ dolor en las rodillas.

F **Antes del examen.** ¿Cuántas horas durmieron estas personas antes de tomar el examen de español?

MODELO Alicia __durmió__ ocho horas.

1. Julio _____ tres horas.

2. Yo _____ cuatro horas.

3. Marisela y Luisa _____ siete horas.

4. Consuelo _____ seis horas.

5. Tú _____ cinco horas.

6. Pablo y Tomás _____ dos horas.

7. Nosotros no _____ bastante.

G   **Ir de compras.** Carmen y su madre fueron de compras ayer después de la clase de baile. La tarjeta es de la tienda donde ellas fueron de compras. Completa la conversación entre Carmen y su amiga Linda, usando la información de la tarjeta.

LINDA   ¿Fue interesante la clase de baile ayer?

CARMEN   _____

LINDA   ¿Qué hicieron en la clase?

CARMEN   _____

LINDA   ¿Adónde fuiste después?

CARMEN   _____

LINDA   ¿Dónde está la tienda?

CARMEN   _____

LINDA   ¿Por qué fuiste allá?

CARMEN   _____

LINDA   ¿Con quién fuiste?

CARMEN   _____

LINDA   ¿Compraste algo?

CARMEN   No, _____

LINDA   Pues, ¿pediste algo?

CARMEN   Sí, _____

LINDA   ¿Es bonito?

CARMEN   Sí, _____

LINDA   ¿Cuánto cuesta?

CARMEN   _____

LINDA   _____

Aurora Gaviño

Trajes de Flamenco

Señoras y Niñas

BLANCA DE LOS RIOS, 1   TELF. 421 1069
PZA. DEL SALVADOR   41004 - SEVILLA

Nombre _____

Fecha _____

¡DIME! UNO

UNIDAD 7
LECCIÓN 2

VOCABULARIO PERSONAL

In this lesson you learned some medical terms, the names of parts of the body, and much more. Write the Spanish words and phrases you learned in each category.

En la clínica del médico

_____   _____

_____   _____

_____   _____

_____   _____

_____   _____

_____   _____

_____   _____

El cuerpo humano

_____   _____

_____   _____

_____   _____

_____   _____

_____   _____

_____   _____

_____   _____

_____   _____

Complementos directos

_____   _____
_____   _____
_____   _____
_____

Verbos

_____   _____
_____   _____
_____   _____
_____   _____
_____   _____
_____   _____
_____   _____
_____

Palabras y expresiones

_____   _____
_____   _____
_____   _____
_____   _____
_____   _____
_____   _____
_____   _____
_____   _____
_____

Antes de empezar

1. ¿Has tenido que salvarle la vida a alguien alguna vez?

Sí   *No*

☐   ☐

2. ¿Podrías ayudar a alguien en estas situaciones?

Sí   *No*

☐   ☐   En un accidente de automóvil

☐   ☐   En un accidente de bicicleta

☐   ☐   En un accidente en casa

☐   ☐   En un incendio

☐   ☐   En un accidente en una piscina

☐   ☐   En un accidente en las montañas

3. ¿Cómo podrías prepararte para ayudar a otros en casos de emergencia?

_____

_____

_____

_____

_____

_____

_____

LECTURA

Lee el anuncio en la página siguiente y después verifica tu comprensión
completando las oraciones de **Verifiquemos.**

¿ SABE UD. CÓMO SALVAR UNA VIDA ?

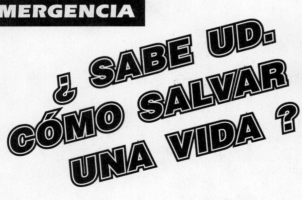

MANUAL DE PRIMEROS AUXILIOS

El **Manual de Primeros Auxilios** contiene valiosa información para asistir, con rapidez y eficacia, a una persona enferma, herida, golpeada o con fracturas, mientras espera la llegada del médico. Esta asistencia, en muchos casos, puede salvar vidas.

¡YA ESTÁ A LA VENTA!

Adquiéralo en su librería o puesto de revistas favorito

ANTILLAS HOLANDESAS, ARUBA. SALOMON VOS Weststraat No. 16, Oranjestad. CURAZAO. EL CHICO Desavaan No. 112, Willemstad. ARGENTINA CAPITAL FEDERAL. EDITORIAL VANIDADES Perú No 263, 3er. Piso, 1067 Capital Federal, Buenos Aires. BOLIVIA. DISMO, LTDA. Comercio 806, Casilla 988, La Paz. COLOMBIA. DISTRIBUIDORAS UNIDAS, S.A. Transversal 93 No. 52-03, Bogotá. D.E. COSTA RICA. LA CASA DE LAS REVISTAS, S.A. San Miguel de los Desamparados. 400 Metros al Norte de la Iglesia, Apartado Postal No. 67, San José. CHILE. EDITORIAL ANDINA Avenida El Golf NO 0243. Santiago 34. Télex 440221. ECUADOR. VANIPUBLI ECUATORIANA Córdova No. 800 y Víctor Manuel Rendón 18vo. Piso - Edificio Torres de la Merced Guayaquil, Ecuador. EL SALVADOR. DISTRIBUIDORA SALVADORENA, S.A. 9a. Avenida Norte No. 422, San Salvador. ESTADOS UNIDOS. ACOSTA NEWS, INC. 149 5th Avenue - Patterson, New Jersey 07524. GUATEMALA. DISTRIBUIDORA DE LA RIVA RNOS. 9 Ave. No 11-65, Zona 1,. Ciudad de Guatemala. HONDURAS. DISTRIBUIDORA DE PUBLICACIONES, S.R.L. 3a. Avenida No. 1255, Barrio Abajo, Tegucigalpa. MEXICO. DISTRIBUIDORA INTERMEX, S.A. Lucio Blanco No. 435, Azcapotzalco C.P. 02400, México, D.F. NICARAGUA. PUBLICACIONES RAMIREZ Apartado No. 2833, Managua. PANAMÁ DISTRIBUIDORA PANAMEX Calle 15 y Calle W, Parque Lefevre, Panamá. PARAGUAY. SELECCIONES S.A.C. Iturbe No. 436, Asunción. PERU. DISTRIBUIDORA BOLIVARIANA, S.A. Avenida de Panamá 3631-3635, San Isidro, Lima. PUERTO RICO.AGENCIA DE PUBLICACIONES DE PUERTO RICO, INC. G.P.O.Box 4903, San Juan, Puerto Rico 00936. REPUBLICA DOMINICANA. DISTRIBUIDORA LIBRERIA AMENGUAL, C. POR. Ave. 27 de Febrero No. 56, frente al Palacio de los Deportes, Santo Domingao URUGUAY. DISTRIBUIDORA CAREAGA Juncal 1428, esquina Paraná, Montevideo, VENEZUELA. DISTRIBUIDORA CONTINENTAL S.A. Final Avenida San Martín con Final Avenida La Paz, Caracas C.P. 1020.

Nombre _____

Fecha _____

¡DIME!
UNO

UNIDAD 7
LECCIÓN 2

¡A LEER!

Verifiquemos

1. Este anuncio es para . . .

    a. la cruz roja.

    b. una novela titulada *Manual de primeros auxilios.*

    c. un libro sobre cómo ayudar a la gente en una emergencia.

    ch. un programa de televisión llamado "¿Sabe Ud. cómo salvar una vida?"

2. El producto es para ayudar a personas que . . .

    a. sufren de dolor en los oídos.

    b. necesitan ayuda antes de llegar un médico.

    c. son hipocondríacas.

    ch. sufren de cáncer.

3. El producto informa a la gente acerca de . . .

    a. qué hacer para ayudar a una persona que se rompe una pierna o un brazo.

    b. cómo salvar una vida.

    c. cómo ayudar a una persona mientras llega el médico.

    ch. Todas las respuestas son correctas.

4. Este producto se puede comprar . . .

    a. en supermercados por todo Estados Unidos.

    b. en un año, en muchos países donde se habla español.

    c. inmediatamente en muchos países latinos.

    ch. Todas las respuestas son correctas.

5. Hay distribuidores de este producto en . . .

    a. algunos países europeos.

    b. todos los países del Caribe.

    c. Sudamérica, la América Central y Estados Unidos.

    ch. Todas las respuestas son correctas.

Nombre _____

Fecha _____

¡DIME! UNO

UNIDAD **7**
LECCIÓN **3**

¡A ESCUCHAR!

A **¡Qué perrita más buena!** La perra de Carolina siempre sigue las
instrucciones que ella le da. ¿Qué le dice ahora? Escucha cada instrucción
y escribe el número apropiado en el dibujo correspondiente.

A

B

C

CH

D

E

B **¡Qué económico!** Los señores Maldonado quieren comprar nuevos muebles y escuchan un anuncio en la radio. Primero mira la lista de los muebles que piensan comprar. Luego escucha el anuncio e indica los muebles que están en oferta. Escucha el anuncio otra vez para verificar tus respuestas.

____ televisor
____ sillón
____ cama
____ escritorio con silla
____ mesita de noche
____ lámpara
____ cómoda
____ estantes

C **Mi cuarto.** Arturo está muy contento con su cuarto. Escucha la descripción de su cuarto y dibuja los muebles en el sitio apropiado. Escucha otra vez para verificar tu dibujo.

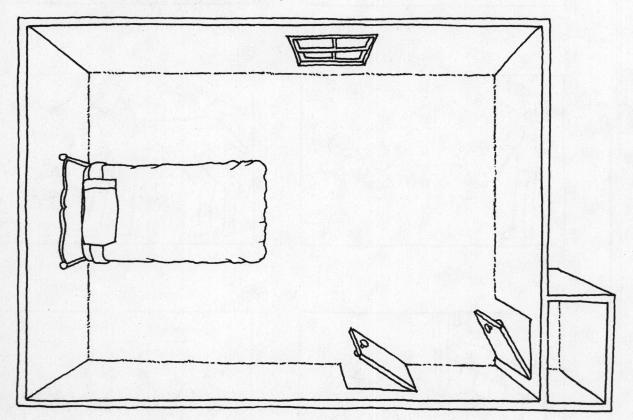

CH **Una llamada.** Cuando Berta fue al campamento, su mamá reorganizó su cuarto. Ahora Berta y su mamá hablan por teléfono de los cambios. Escucha su conversación e indica si el cuarto que ves (como lo dejó Berta) es diferente ahora o igual que antes. Escucha otra vez para verificar tus respuestas.

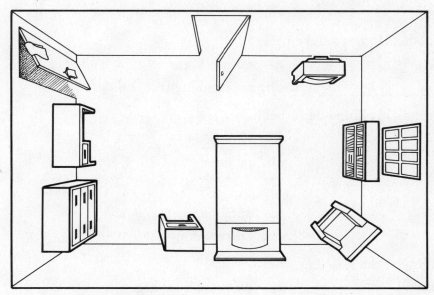

	diferente	*igual*		*diferente*	*igual*
cama	☐	☐	escritorio	☐	☐
mesita	☐	☐	televisor	☐	☐
cómoda	☐	☐	sillón	☐	☐
estante	☐	☐			

D **Noticiero deportivo.** Son las seis de la tarde y pones la radio para escuchar las noticias deportivas. Primero lee las siguientes oraciones. Luego escucha las noticias y selecciona la mejor respuesta. Escucha otra vez para verificar tus respuestas.

1. Rosa Vázquez . . .
   - **a.** juega tenis.
   - **b.** ganó un torneo.
   - **c.** derrotó a Alicia Hernández.
   - **ch.** a, b y c.

2. En béisbol ganó el equipo de . . .
   - **a.** Cuba.
   - **b.** Venezuela.
   - **c.** la República Dominicana.
   - **ch.** Estados Unidos.

3. El equipo de Estados Unidos salió en . . .
   - **a.** primer lugar.
   - **b.** tercer lugar.
   - **c.** quinto lugar.
   - **ch.** séptimo lugar.

4. En el estadio Bernal, el equipo de fútbol local . . .
   - **a.** ganó.
   - **b.** perdió.
   - **c.** empató.
   - **ch.** no jugó.

5. Pablo Díaz es . . .
   - **a.** jugador.
   - **b.** árbitro.
   - **c.** aficionado.
   - **ch.** entrenador.

6. Según Díaz, los Reyes van a . . .
   - **a.** salir de la ciudad.
   - **b.** ganar el próximo partido.
   - **c.** derrotar a los argentinos.
   - **ch.** a, b y c.

7. Chico López es . . .
   - **a.** futbolista.
   - **b.** locutor de televisión.
   - **c.** boxeador.
   - **ch.** aficionado.

8. El 12 de este mes va a haber un evento especial en . . .
   - **a.** el auditorio municipal.
   - **b.** Puerto Rico.
   - **c.** las tiendas deportivas.
   - **ch.** la estación de radio KMEX.

Nombre _____

Fecha _____

¡DIME!
UNO

UNIDAD 7
LECCIÓN 3

¡A ESCUCHAR!

Pronunciación y ortografía

Los cambios ortográficos en el pretérito

E You will recall that certain verbs require spelling changes in the preterite. Verbs whose infinitive stem ends in **e** or **i** require a **y** in the **usted/él/ella** and **ustedes/ellos/ellas** forms as well as the **-ndo** form. Listen to the following sentences that contain various forms of these verbs. Then repeat each one after the speaker says it twice.

¿**Leíste** esta novela?
La estoy **leyendo** ahora.

Nosotros **oímos** música toda la noche.
Mis papás no **oyeron** nada.

Me **creíste,** ¿no?
Sí, pero mamá no te **creyó.**

F Listen to these sentences and write the missing verbs.

1. María no _____ la novela.

2. ¿_____ las noticias?

3. Mis papás no me _____.

4. ¿Qué estás _____?

5. No _____ el grito.

6. _____ la historia.

G Other spelling rules that you have studied also apply to verbs in the preterite. Verbs ending in **-car, -gar** or **-zar** undergo spelling changes in the **yo** form. Listen to the following sentences that contain various forms of these verbs. Then repeat each one after the speaker says it twice.

¿**Buscaste** el regalo?
Sí, lo **busqué.**

¿**Llegaste** tarde?
No, al contrario. **Llegué** temprano.

¿Ya **almorzaron** ustedes?
Yo **almorcé** en la cafetería pero Pedro no **almorzó.**

H Listen to these sentences and write the missing verbs.

1. La clase _____ a las nueve en punto.

2. _____ fútbol toda la tarde.

3. Ya _____ la cuenta.

4. _____ a estudiar muy tarde.

5. _____ mi libro por todas partes.

6. Todos _____ la película.

7. No _____ a tiempo.

8. Enrique _____ el piano

   y yo _____ la guitarra.

I Now apply the above spelling rules as you write the following conversation. You will hear the conversation one sentence at a time. Each sentence will be said twice. Then you will hear the entire conversation one more time.

LOLA _____

_____

GABRIEL _____

_____

LOLA _____

_____

GABRIEL _____

_____

LOLA _____

_____

GABRIEL _____

_____

LOLA _____

_____

Nombre _____

Fecha _____

¡DIME!
UNO

UNIDAD 7
LECCIÓN 3

¡A ESCRIBIR!

A **Di la verdad.** Cuando Ramón cuida a su hermanito, Pedro, le da muchas instrucciones. ¿Qué mandatos le da hoy?

1. _____ las compras.

2. ¡_____ por la puerta, no por la ventana!

3. _____ los libros a la Srta. Aragón.

4. _____ las flores en el escritorio.

5. _____ para la escuela a las siete y media.

6. _____ aquí, Pedro.

7. ¡_____ cuidado!

8. _____ la tarea.

9. _____ la verdad.

10. _____ paciente con el perrito.

B **¡Siempre!** Eres muy bueno(a) y siempre haces lo que te dicen tus padres. ¿Qué te pidieron para conseguir estas respuestas? Escribe los mandatos apropiados.

1. _____
Siempre la digo.

2. _____
Siempre las pongo en el carro.

3. _____
Siempre lo tengo.

4. _____
Siempre salgo a las siete.

5. _____
Siempre vengo a casa a las cuatro.

6. _____
Siempre hago la tarea.

C **¿Dónde pongo tus cosas?** Dile a tu hermanito o hermanita dónde tiene que poner estas cosas en tu cuarto, basándote en el dibujo.

MODELO   *la bata*

la bata

Ponla en el armario.

_____

el trofeo

1. _____

_____

los bombones

2. _____

_____

el televisor

3. _____

_____

las zapatillas

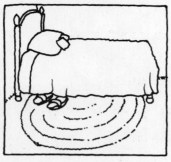

4. _____

_____

la lámpara

5. _____

_____

los libros

6. _____

_____

CH **Mi cuarto.** Indica exactamente dónde están estos muebles y objetos de tu cuarto con relación a los otros muebles.

MODELO *cama*
   Mi cama está cerca de una ventana, entre dos mesitas de noche.

1. cama _____

_____

2. escritorio (o cómoda) _____

_____

3. ropa y zapatos _____

_____

4. silla (o sillón) _____

_____

5. televisor (o radio) _____

_____

6. teléfono (o reloj) _____

_____

7. perro (o gato) _____

_____

D **Al lado de . . .** Tú y tus amigos reorganizaron la clase de español. ¿Dónde pusieron estos artículos?

MODELO Julio __**puso**__ los diccionarios cerca de las ventanas.

1. Carmen y Celia _____ los papeles debajo de los libros.

2. Yo _____ los bolígrafos sobre el escritorio.

3. Los chicos fuertes _____ los pupitres en filas.

4. Nosotros _____ la grabadora en la mesa.

5. Teresa _____ las cintas detrás de la grabadora.

6. ¿Dónde _____ tú los exámenes?

© D.C. Heath and Company

E **Coplas.** La copla es muy popular en Sudamérica. Una copla es una estrofa en rima de cuatro versos. Lee las siguientes coplas y contesta las preguntas.

1. **Copla popular peruana**
De las flores, la violeta;
de los emblemas, la cruz;
de las naciones, mi tierra;
de las mujeres, tú.

2. **Copla popular venezolana**
Sobre la yerba, la palma;
sobre la palma, los cielos;
sobre mi caballo, yo;
y sobre yo, mi sombrero.

1. ¿Qué nación prefiere el poeta? _____

¿Qué flor? _____

¿Qué emblema? _____

2. ¿Qué hay sobre la palma? _____

¿Sobre el caballo? _____

¿Sobre la yerba? _____

¿Sobre el escritor? _____

3. Ahora escribe una copla original. No te olvides de darle un título.

_____

_____

_____

_____

_____

Nombre _____

Fecha _____

¡DIME! UNO

UNIDAD 7
LECCIÓN 3

VOCABULARIO PERSONAL

In this lesson you learned the Spanish names for items found in a bedroom, terms used in soccer, and expressions to describe location. Write the Spanish words and phrases that you learned in each category.

En el dormitorio

_____   _____

_____   _____

_____   _____

_____   _____

_____   _____

_____   _____

_____   _____

_____   _____

Un jugador lastimado

_____   _____

_____   _____

_____   _____

_____   _____

Un partido de fútbol

_____   _____

_____   _____

_____   _____

_____   _____

_____   _____

Regalos

_____   _____

_____   _____

_____   _____

_____   _____

Expresiones de lugar

_____   _____

_____   _____

_____   _____

_____   _____

_____   _____

_____   _____

Verbos

_____   _____

_____   _____

_____   _____

_____   _____

Palabras y expresiones

_____   _____

_____   _____

_____   _____

_____   _____

_____   _____

_____   _____

Nombre _____

Fecha _____

¡DIME!
UNO

UNIDAD 7
LECCIÓN 3

¡A JUGAR Y PENSAR!

A   **¡Otra vez!** El Sr. Luján está escribiendo un informe en su computadora cuando descubre un problema. Usa el código siguiente para ayudarlo a descifrar estas palabras. Luego, en los espacios indicados, escribe el título del informe que está preparando.

1 = a	6 = b	11 = g	16 = m	21 = r	26 = x
2 = e	7 = c	12 = h	17 = n	22 = rr	27 = y
3 = i	8 = ch	13 = j	18 = ñ	23 = s	28 = z
4 = o	9 = d	14 = l	19 = p	24 = t	
5 = u	10 = f	15 = ll	20 = q	25 = v	

1 24 14 2 24 3 23 16 4   _____

6 1 14 4 17 7 2 23 24 4   _____

6 2 3 23 6 4 14   _____

14 5 8 1   14 3 6 21 2   _____

7 3 7 14 3 23 16 4   _____

2 23 20 5 3   _____

10 5 24 6 4 14   _____

11 3 16 17 1 23 3 1   _____

13 1 3   1 14 1 3   _____

17 1 24 1 7 3 4 17   _____

24 2 17 3 23   _____

25 4 14 3 6 4 14   _____

___ ___ ___ ___ ___ ___ ___ ___ ___ ___ ___ ___ ___ ___

B **El cuerpo humano.** Completa este crucigrama con los nombres de las partes del cuerpo que aparecen en el dibujo.

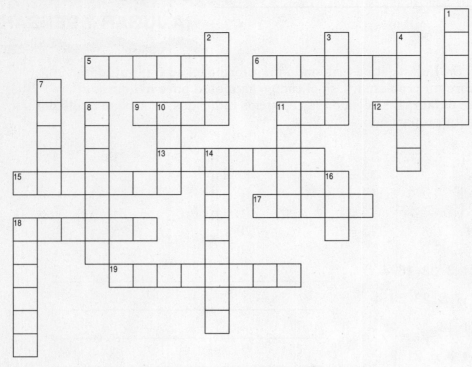

Horizontal

5.

6.

9.

11.

12.

13.

15.

17.

18.

19.

Vertical

1.

2.

3.

4.

7.

8.

10.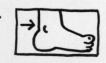

11.

14.

16.

18.

Nombre _____

Fecha _____

¡DIME!
UNO

UNIDAD 8
LECCIÓN 1

¡A ESCUCHAR!

A **Luce tu sonrisa.** Estás de vacaciones en España y escuchas este anuncio en la radio. Marca una **X** debajo de cada dibujo que se menciona. Escucha otra vez para verificar tus respuestas.

_____

_____

_____

_____

_____

_____

_____

_____

_____

¿Qué pasó? Los padres de Lisa tuvieron que hacer un viaje a otra ciudad. Ahora ella les está contando lo que hizo durante su ausencia. Indica si sus padres van a pensar que sus actividades son buenas (+) o malas (−).

1.   +   −

2.   +   −

3.   +   −

4.   +   −

5.   +   −

6.   +   −

7.   +   −

8.   +   −

El sospechoso. Eres detective y tienes que analizar los informes de tus compañeros. Escucha lo que observó un compañero y toma notas de las actividades del sospechoso *(suspect),* siguiendo el modelo. Escucha otra vez para verificar tus notas.

MODELO   Escuchas: *Estuve toda la noche observando la casa del sospechoso. Creo que se levantó a las seis en punto porque a esa hora vi la luz de una lámpara en su apartamento.*

Escribes: **6:00—se levantó**

Hora	Actividad
6:00	se levantó

Nombre _____

Fecha _____

¡DIME!
UNO

UNIDAD **8**
LECCIÓN **I**

¡A ESCUCHAR!

CH **La buena salud.** Escucha estos consejos para cómo tener buena salud. Indica qué debemos hacer y, para cada actividad, cuándo o cómo debemos hacerla. Escucha otra vez para verificar tus respuestas.

MODELO   Escuchas: *Primero, levántate temprano.*
Escribes: Una **X** en la fila de **levantarse** bajo la columna de **temprano.**

Actividad	todos los días	frecuentemente	cuidadosamente	temprano
levantarse				X
lavarse la cara				
bañarse				
lavarse los dientes				
desayunar bien				
seleccionar la comida				
comer frutas				
beber agua				
hacer ejercicio				
acostarse				
dormir 8 horas				

D **¿Qué están haciendo?** Estás mirando tu programa de televisión favorito. Es una telenovela en la que todos estos personajes están preparándose para ir a una fiesta: **Ana, Armando, Clara, José, Margarita** y **Pedro.** Escucha la descripción de las actividades de cada persona y escribe su nombre debajo del dibujo apropiado. Escucha otra vez para verificar tus respuestas.

1. _____

2. _____

3. _____

4. _____

5. _____

6. _____

Nombre _____

Fecha _____

¡DIME!
UNO

UNIDAD **8**
LECCIÓN **1**

¡A ESCUCHAR!

E **La mesa.** Angelita, una niña de 5 años, está ayudando a su mamá a poner la mesa. Escucha a Angelita describir dónde pone las cosas e indica si es **igual** o **diferente** del dibujo. Escucha otra vez para verificar tus respuestas.

La mesa de mamá

	igual	*diferente*
plato	☐	☐
taza	☐	☐
platillo	☐	☐
cuchillo	☐	☐
cuchara	☐	☐
tenedor	☐	☐
vaso	☐	☐
servilleta	☐	☐

Pronunciación y ortografía

Repaso de vocales y diptongos

F You have learned that the pronunciation of the five Spanish vowels is always the same. Listen to the following words and repeat each one after you hear it twice. Be sure to pronounce each vowel distinctly. Then listen again and underline the stressed syllable in each.

casa   mañana   permitir   desayuno
días   se despertó   interesante   servilleta

G Listen as the speaker pronounces each word twice and write the stressed vowel you hear in each one.

1. _____   4. _____   7. _____

2. _____   5. _____   8. _____

3. _____   6. _____   9. _____

H You know that a diphthong consists of a weak vowel (**i** or **u**) in combination with a strong vowel (**a, e,** or **o**). Listen to the following words and repeat each one after you hear it twice. Then listen again to the words and underline the stressed syllable. (Note that the stressed syllable does not always contain the diphthong.)

curioso   cuarto   cuidado   Europa
gracias   acueducto   afeitarse   ciudad
viejísimo   baile   oigo   causa

I Listen as the speaker pronounces these words twice and write the diphthong you hear in each one.

1. _____   4. _____   7. _____

2. _____   5. _____   8. _____

3. _____   6. _____   9. _____

J When a vowel combination does not form a diphthong, the vowels are pronounced as separate syllables. If one of them is a weak vowel (**i** or **u**), it must have a written accent in order to be pronounced as a separate syllable. Two strong vowels together always form separate syllables. Listen to the following words and repeat each one after you hear it twice. Then listen again to the words and underline the stressed syllable.

río   correo   María   me gustaría
baúl   teatro   video   paseo

Nombre _____

Fecha _____

¡DIME! UNO

UNIDAD **8**
LECCIÓN **1**

¡A ESCRIBIR!

A   **Rutina diaria.** Describe lo que generalmente haces a la hora indicada.

EJEMPLO   **A las ocho y media de la mañana estoy en la clase de historia.**

1. ⏰ _____
_____

2. ⏰ _____
_____

3. ⏰ _____
_____

4. ⏰ _____
_____

5. ⏰ _____
_____

6. ⏰ _____
_____

7. ⏰ _____
_____

8. ⏰ _____
_____

9. ⏰ _____
_____

10. ⏰ _____
_____

11. ⏰ _____
_____

12. ⏰ _____
_____

B   **¡Báñate!** Tu hermanito va a quedarse con un amigo durante las vacaciones. ¿Qué consejos le das?

EJEMPLO   **Báñate todos los días.**

1. _____

2. _____

3. _____

4. _____

5. _____

6. _____

7. _____

8. _____

C **¡Uy, tan tarde!** Son las diez de la noche. ¿Qué están haciendo estas personas?

MODELO *Beto / lavarse los dientes.*
Beto está lavándose los dientes.

1. los hermanos / quitarse la ropa

4. la hermanita / acostarse

2. mamá / bañarse

5. tú / dormirse

3. Marta / lavarse el pelo

6. los gatos / divertirse mucho

CH **De vacaciones.** Durante las vacaciones no seguimos la rutina de todos los días. Describe lo que hicieron los miembros de tu familia durante las últimas vacaciones.

acostarse, peinarse, desayunar, levantarse, bañarse, dormirse, despertarse, ponerse los zapatos, afeitarse, vestirse, lavarse el pelo (los dientes)

EJEMPLO **Mi papá no se afeitó hasta mediodía.**

1. _____

2. _____

3. _____

4. _____

5. _____

6. _____

7. _____

D **¿De qué manera?** ¿Cómo hicieron tú y tus amigos estas actividades ayer?

| [. . .]
[. . .] y [. . .]
tú
nosotros
[. . .] y yo
yo
¿. . .? | trabajar
correr
arreglarse
estudiar
bailar | leer
cantar
vestirse
¿. . .? | nervioso
lento
rápido
tranquilo
furioso
alegre | paciente
tímido
fácil
fabuloso
¿. . .? |

EJEMPLO **Juan leyó tranquilamente.**

1. _____

2. _____

3. _____

4. _____

5. _____

6. _____

7. _____

E **¿Qué pasó?** El director quiere saber qué pasó ayer en la clase. Contesta sus preguntas, explicando cómo hicieron estas personas las actividades mencionadas.

EJEMPLO *¿Estudiaste?* **Sí, estudié tranquilamente.**

1. ¿Contestaron los estudiantes?

_____

2. ¿Escuchó Silvia al profesor?

_____

3. ¿Leíste tú la lección de español?

_____

4. ¿Explicó la lección la profesora?

_____

5. ¿Hablaron Uds.?

_____

6. ¿Tomaron Uds. un examen?

_____

Una mesa bien puesta. Basándote en el dibujo, describe dónde está cada artículo.

1. La servilleta _____

2. El cuchillo _____

3. El plato _____

4. El tenedor _____

5. El vaso _____

6. La taza _____

In this lesson you learned how to describe activities of your daily routine, the names of more foods, a table setting and much more. Write the Spanish words that you learned in these categories.

Rutina diaria

_____   _____

_____   _____

_____   _____

_____   _____

_____   _____

_____   _____

_____   _____

_____   _____

Comidas

_____   _____

_____   _____

_____   _____

_____   _____

_____   _____

_____   _____

_____   _____

_____   _____

Los cubiertos

_____   _____

_____   _____

_____   _____

_____   _____

_____   _____

Cocina

_____   _____

_____   _____

_____   _____

Complementos reflexivos

_____   _____

_____   _____

_____   _____

Verbos

_____   _____

_____   _____

_____   _____

Adverbios

_____   _____

_____   _____

_____   _____

Palabras y expresiones

_____   _____

_____   _____

_____   _____

_____   _____

Antes de empezar

1. En tu opinión, ¿para qué sirve el Acueducto de Segovia? ¿Por qué piensas eso?

_____

_____

_____

2. ¿Cuándo crees que se construyó el acueducto? ¿Quién lo construyó? ¿Cómo lo sabes?

_____

_____

_____

3. ¿Qué sabemos de la gente que construyó el acueducto? ¿Qué necesitaban para construirlo? ¿Qué conocimientos o habilidades son necesarios para construir una estructura como ésta?

_____

_____

_____

LECTURA

Lee el artículo en la página siguiente y después verifica tu comprensión completando la actividad de **Verifiquemos.**

EL ACUEDUCTO DE SEGOVIA

Dice la leyenda que la ciudad de Segovia fue fundada por Hércules. Pero fue en el año 96 antes de Cristo (a.C) cuando es conquistada por Roma. El famoso historiador romano de esa época, Plinio, la menciona en una de sus obras. Aunque se desconoce la fecha exacta, sabemos que el acueducto fue construido en el siglo I después de Cristo (d.C).

El acueducto es el símbolo de la ciudad por ser el más antiguo e impresionante monumento de la historia de Segovia. Mide 728 metros (2.388,45 pies) desde donde comienza en las afueras de la ciudad hasta donde termina en la plaza del Seminario. Empieza con unos 75 arcos sencillos hasta la plaza de Díaz Sanz. Allí empiezan los arcos dobles que llegan a una altura de 28,29 metros (92,82 pies) en su punto más alto.

Es considerado una obra maestra de la ingeniería romana. Aunque fue construido sin cemento, hace más de 2000 años, sigue funcionando en el siglo XX y los coches modernos todavía pasan por debajo del acueducto como lo hacían las carozas romanas.

A pesar de que una leyenda dice que fue el diablo quien construyó en una sola noche el Acueducto de Segovia, no se sabe definitivamente qué emperador lo mandó construir. Lo más probable es que fuera durante los gobiernos de los emperadores Vespasiano y Trajano.

En total, el acueducto tiene 167 arcos: 79 arcos sencillos y 88 arcos dobles. Una pequeña sección del Acueducto fue destruida por los moros en el año 1072 y reconstruida en el siglo XV.

No cabe duda que, de los muchos monumentos de Segovia, el acueducto es el más espléndido.

Información de *Toda Segovia y sus provincias*, Editorial Escudo de Oro, 1988

¡A LEER!

Verifiquemos

¿Sí o no? Indica si las oraciones siguientes son **ciertas** o **falsas.** Si una oración es falsa, corrígela en el espacio abajo.

Cierto   *Falso*

☐   ☐   **1.** Segovia fue fundada por Hércules.

☐   ☐   **2.** Los soldados romanos conquistaron la ciudad en el siglo I d.C para controlar el Acueducto.

☐   ☐   **3.** El Acueducto fue diseñado por los ingenieros romanos: Vespasiano y Trajano.

☐   ☐   **4.** Si hay 5.280 pies en una milla, el Acueducto de Segovia mide más de dos millas.

☐   ☐   **5.** El Acueducto tiene más arcos dobles que arcos sencillos.

☐   ☐   **6.** En el siglo XV, tuvieron que reconstruir la mayor parte del Acueducto debido a la pobre calidad del trabajo de los romanos.

1. _____

_____

2. _____

_____

3. _____

_____

4. _____

_____

5. _____

_____

6. _____

_____

A **¿Dónde estarán?** Tu amiga Daniela perdió sus llaves *(keys)* y necesita ayuda para encontrarlas. Escucha lo que ella hizo e indica los lugares donde ella debe buscar las llaves. Escucha otra vez para verificar tus respuestas.

_____ sala

_____ cocina

_____ baño

_____ alcoba de Daniela

_____ alcoba de su hermanito

_____ alcoba de sus padres

_____ patio

_____ garaje

_____ armario

_____ comedor

B **¡Qué sabroso!** Joaquín Comilón es locutor de la estación XECO. Hoy está comentando sobre un nuevo restaurante. Escucha sus comentarios e indica si son positivos o negativos. Escucha otra vez para verificar tus respuestas.

el restaurante en general   +   −

la sopa   +   −

la carne   +   −

la fruta   +   −

el café   +   −

el menú   +   −

la música   +   −

el servicio   +   −

C **Muebles nuevos.** Los muebles nuevos que pediste acaban de llegar. ¿Dónde vas a ponerlos? Escucha las preguntas y escribe el número o los números en el espacio al lado del cuarto más apropiado.

alcoba _____

sala _____

cocina _____

comedor _____

CH **Comparaciones.** Dos niños están haciendo comparaciones. Ayuda al más pequeño a contestar estas preguntas, escribiendo las palabras que faltan.

MODELO Escuchas: *¿Cuál es más grande, un baño o una alcoba?*

Escribes: Una alcoba es __**más grande que**__ un baño.

1. Un pasillo es _____ un garaje.

2. Una manzana es _____ una cebolla.

3. Una ensalada es _____ un postre.

4. Un apartamento es _____ una casa.

5. Una sala es _____ una alcoba.

6. Subir los escalones de una torre es _____ subir los escalones de una casa.

7. Un sofá es _____ un sillón.

8. Una reina es _____ un rey.

Nombre _____

Fecha _____

¡DIME! UNO

UNIDAD 8
LECCIÓN 2

¡A ESCUCHAR!

D **¿Quién es?** Una amiga acaba de empezar una clase de ejercicios aeróbicos y tú quieres saber quiénes son sus compañeras. Escucha la descripción y escribe el nombre de cada persona en el lugar apropiado debajo del dibujo. Escucha otra vez para verificar tus respuestas.

Se alquila apartamentos. Estás escuchando un anuncio de radio sobre unos apartamentos para alquilar. Primero lee las oraciones. Luego escucha el anuncio e indica si las oraciones son **ciertas** o **falsas**. Escucha otra vez para verificar tus respuestas.

C   F   **1.** Los Vásquez viven en un nuevo apartamento.

C   F   **2.** Los Vásquez buscan otro apartamento.

C   F   **3.** El apartamento de Alfredo y Rosamaría es pequeño.

C   F   **4.** Alfredo cree que la sala de su apartamento es fea.

C   F   **5.** A Rosamaría le gusta la cocina del apartamento Buena Vista.

C   F   **6.** El apartamento de los Vásquez tiene tres alcobas.

C   F   **7.** Los Vásquez necesitan más espacio para su ropa.

C   F   **8.** El apartamento de los Vásquez tiene dos baños.

C   F   **9.** Los apartamentos Buena Vista tienen varios modelos.

C   F   **10.** El número de los apartamentos Buena Vista es el 65-53-80.

C   F   **11.** Las personas interesadas pueden ver los apartamentos Buena Vista después de las diez de la mañana.

Nombre _____

Fecha _____

¡DIME!
UNO

UNIDAD 8
LECCIÓN 2

¡A ESCUCHAR!

Pronunciación y ortografía

Repaso de consonantes

F In Unit 3 you learned that the sounds **[p]**, **[t]**, and **[k]** are pronounced in Spanish without the puff of air often heard in English. Listen to the following words that contain these sounds and repeat each word after the speaker says it twice. Then listen to the words again and underline the stressed syllable.

papá	**pic**adito
tocar	**quí**tate
cubiertos	ex**qu**isito
ri**qu**ísimo	a**c**ostaste
poquito	man**t**e**qu**illa

G You have also learned that in Spanish the letters **j** and **g** (followed by **e** or **i**) are pronounced similarly to the English sound **[h]** but a little higher in the throat. In some words, the letter **x** is also pronounced this way. Listen to the following words that contain this sound and repeat each word after the speaker says it twice. Then listen to the words again and underline the stressed syllable.

juego	in**g**eniero
general	mu**j**er
Oa**x**aca	**J**orgelina
jugador	má**g**ico

H In Unit 6 you learned that there are two **r** sounds in Spanish: the **[r]** sound, usually represented by a single **r**, and the **[rr]** sound, represented by the letter **rr** in the middle of words but by a single **r** at the beginning of words. Listen to the following words that contain these sounds and repeat each one after the speaker says it twice.

caro	grande	to**rr**e	a**rr**iba
pero	para	ma**rr**ón	guita**rr**a
durmió	verde	**r**opa	a**rr**églate

I Listen as the speaker pronounces each word and indicate whether it contains a single or a double [**r**] sound.

	r	rr
1.	☐	☐
2.	☐	☐
3.	☐	☐
4.	☐	☐
5.	☐	☐
6.	☐	☐
7.	☐	☐
8.	☐	☐
9.	☐	☐
10.	☐	☐

Nombre _____

Fecha _____

¡DIME!
UNO

UNIDAD **8**
LECCIÓN **2**

¡A ESCRIBIR!

A **Por todos EE. UU.** Durante el verano tú y tus amigos estuvieron en todas partes del país. ¿Dónde estuvieron?

1. Pablo _____ en Nuevo México.

2. Celia y Marta _____ en Maine.

3. Yo _____ en Nueva York.

4. Ramón y Luis _____ en Texas.

5. Tú _____ en Oregón.

6. Nosotros _____ en California.

B **¿Cuánto tiempo?** Ayer tú y tus amigos fueron a varios lugares y se quedaron bastante tiempo. ¿Cuánto tiempo estuvieron en cada lugar?

MODELO *Bárbara /1½* **Estuvo una hora y media en el mercado.**

1. Yo / 3 _____

2. Salvador y Luis / 2½ _____

3. Dorotea / 6 _____

4. Uds. / 3 _____

5. Tú / 2 _____

6. Memo / 4 _____

C **La casa de Ígor.** Ígor tiene una casa bastante grande y muy rara. Haz un dibujo de la casa de Ígor, identificando todos los cuartos. ¡Usa la imaginación!

CH **Es riquísima.** Describe a las siguientes personas y objetos en tu escuela.

EJEMPLO Las clases **son interesantísimas.**

1. La escuela _____

2. Los jugadores de baloncesto _____

3. La profesora de ciencias _____

4. La oficina _____

5. Las chicas _____

6. La comida _____

7. Los pupitres _____

8. El horario _____

9. La biblioteca _____

10. Mis amigas _____

D **Comparación de casas.** Compara la casa de Ígor que dibujaste en la actividad C con el dibujo de esta casa.

MODELO **La casa de Ígor es más grande.**

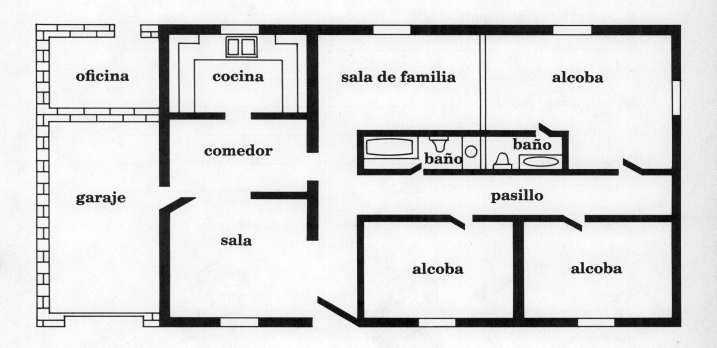

1. _____

2. _____

3. _____

4. _____

5. _____

6. _____

7. _____

Es más fuerte. Dos niños, Nico y Luis, están comparando sus familias.
¿Qué dice Nico?

MODELO *papá / fuerte / +* **Mi papá es más fuerte que tu papá.**
papá / fuerte / – **Mi papá es menos fuerte que tu papá.**
papá / fuerte / = **Mi papá es tan fuerte como tu papá.**

1. hermana / bonito + _____

2. abuelo / alto + _____

3. primos / fuerte = _____

4. mamá / simpático + _____

5. hermanito / inteligente + _____

6. tío / famoso – _____

7. familia / rico = _____

8. hermanos / popular + _____

9. gato / grande + _____

10. abuelos / interesante – _____

_____

F

¿Cómo son? Compara a los estudiantes de esta clase de gimnasia.

Julio   Pablo   Teresa   Martín   Toño   Rosa

1. _____

2. _____

3. _____

4. _____

5. _____

6. _____

G **¿Mejor o peor?** ¿Cómo se compara tu mejor amigo(a) contigo y los otros amigos que tienes? Contesta las preguntas.

EJEMPLO *¿Quién habla español mejor que él (ella)?*
Pablo habla español mejor que él. o
Yo hablo español mejor que él. o
Nadie habla español mejor que él.

1. ¿Quién baila peor que él? _____

2. ¿Quién sabe esquiar mejor que él? _____

3. ¿Quién toca el piano mejor que él? _____

4. ¿Quién hace la tarea peor que él? _____

5. ¿Quién corre mejor que él? _____

6. ¿Quién lee francés mejor que él? _____

7. ¿Quién canta peor que él? _____

8. ¿Quién juega fútbol peor que él? _____

H **Es más alto que Pablo.** Haz comparaciones entre los estudiantes de tu clase de español.

EJEMPLO **Mei es más alta que Pablo.**

1. _____

2. _____

3. _____

4. _____

5. _____

6. _____

7. _____

8. _____

In this lesson you learned the rooms of the house, how to compare things and people, and much more. Write the Spanish words and expressions that you learned in the following categories.

La casa

_____   _____

_____   _____

_____   _____

_____   _____

_____   _____

_____   _____

_____   _____

_____   _____

Comida

_____   _____

_____   _____

_____   _____

_____   _____

_____   _____

_____   _____

Comparaciones

_____   _____

_____   _____

_____   _____

_____   _____

Descripciones

_____   _____

_____   _____

_____   _____

_____   _____

_____   _____

_____   _____

_____   _____

Verbos

_____   _____

_____   _____

_____   _____

_____   _____

_____   _____

Palabras y expresiones

_____   _____

_____   _____

_____   _____

_____   _____

_____   _____

_____   _____

_____   _____

Nombre _____

Fecha _____

¡DIME!
UNO

UNIDAD 8
LECCIÓN 2

¡A LEER!

Antes de empezar

Esta lectura contiene información sobre la historia de 900 años del Alcázar.
El diagrama divide la historia de España en tres períodos: medieval,
renacentista y moderno. Lee la lectura buscando información sobre cada
fecha. Después escribe la información en los espacios indicados.

```
                    ┌─────────────────────────────────┐
                    │     El Alcázar de Segovia        │
                    └─────────────────────────────────┘
```

España medieval	España renacentista	España moderna
1122 _____	Siglo XV _____	1759–88 _____
1252–84 _____	1474–04 _____	Siglo XX _____
_____	1516–66 _____	_____
	1556–98 _____	

LECTURA

Lee el artículo sobre el Alcázar y luego completa la siguiente actividad.

Verifiquemos

Lee esta lista de las funciones y los eventos en los 900 años de vida del
Alcázar. Ponlos en orden cronológico.

_____ **a.** coronación de la reina Isabel

_____ **b.** Archivo General Militar

_____ **c.** Real Colegio de Artillería

_____ **ch.** un castillo

_____ **d.** primitiva fortaleza

_____ **e.** prisión

_____ **f.** matrimonio de Felipe II y Ana de Austria

EL ALCÁZAR DE SEGOVIA

Ya en el año 1122 existía, en el actual sitio del Alcázar, una primitiva fortaleza que en tiempos de Alfonso el Sabio (1252-84) se había convertido en un castillo. Éste se amplió en el siglo XV, y otra vez en el siglo XVI cuando Carlos V (1516-56) hizo construir el Alcázar actual.

En este Alcázar nacieron reyes, tuvieron lugar torneos y se celebraron las Cortes. Del Alcázar de Segovia salió Isabel la Católica (1474-1504) para ser proclamada reina de Castilla. En uno de los salones del Alcázar se casaron Felipe II (1556-98) y Ana de Austria.

El Alcázar también sirvió por muchos años como prisión de estado. Allí estuvieron presos varios condes y duques de la nobleza española. Más tarde Carlos III (1759-88) estableció allí el Real Colegio de Artillería. Actualmente el Alcázar sirve de Archivo General Militar. Se permite visitar el Alcázar y entre los salones más importantes están la Sala del Trono y la Sala de la Galera.

Adaptado de *Atlas turístico de España,* Editorial Tania, S. A.

Nombre _____

Fecha _____

¡DIME!
UNO

UNIDAD 8
LECCIÓN 2

¡A LEER!

LECTURA SUPLEMENTARIA

Si tú y tus compañeros de clase tienen interés en presentar este cuento folk-
lórico al estilo *Readers Theater*, consulten las páginas 252-253 del libro de
texto.

YO DOS Y TÚ UNO

Un cuento folklórico de España

Reparto: Narrador 1 / Hombre / Mujer / Narrador 2

(Al empezar, el hombre y la mujer están sentados, espalda al público.)

NARRADOR 1	**Yo dos y tú uno,** un cuento folklórico de España.
	Había una vez un matrimonio que no tenía familia. Y lleva-ban muchos años de casados. Una noche se pusieron a comer y, como siempre, *(La mujer gira a la izquierda y finge poner tres huevos en una olla.)*
NARRADOR 2	ella preparó tres huevos pasados por agua: uno para ella, *(El hombre gira a la derecha. Cara al público.)*
NARRADOR 1	y dos para su marido.
NARRADOR 2	Pero aquella noche no sé qué le pasó a la mujer, pero dijo:
MUJER	*(Señalando con el dedo.)* Mira, ya estoy harta de que todas las noches comas tú dos huevos y yo uno. Esta noche va a ser al revés: tú uno y yo dos.
HOMBRE	Ni hablar. Yo dos y tú uno. Como siempre. *(Con énfasis.)*
MUJER	¿Y eso por qué?
HOMBRE	*(Levantando la voz.)* Porque lo digo yo y en la casa la autori-dad la tiene el marido.
MUJER	*(Burlándose.)* Pues, ni hablar. Esta noche, tú uno y yo dos.
HOMBRE	¡Que no!
MUJER	¡Que sí!
NARRADOR 2	Bueno, pues estuvieron discutiendo un rato y ninguno se dio por vencido.
NARRADOR 1	Ya cansado, el marido dijo:
HOMBRE	*(Irritado.)* Si insistes, me muero.
MUJER	Pues, muérete.
NARRADOR 1	Entonces él se hizo el muerto, *(El hombre finge estar muerto).*
NARRADOR 2	y la mujer salió a la calle gritando:
MUJER	*(Lamentando.)* ¡Ay, que mi maridito se ha muerto! ¡Ay, que se me ha muerto!

NARRADOR 1	Vino el cura y prepararon el entierro. Ya lo llevaban para el cementerio,
	(El hombre, con las piernas estiradas y las manos cruzadas en el pecho.)
NARRADOR 2	cuando la mujer se acercó a las andas, diciendo,
MUJER	*(Tristemente.)* ¡Déjame que lo bese por última vez!
NARRADOR 2	Y con este pretexto se le acercó a la cara y le dijo al oído:
MUJER	*(Inclinándose y fingiendo murmurar.)* Tú uno y yo dos.
NARRADOR 1	Y contestó el otro muy bajito:
HOMBRE	*(Fingiendo murmurar.)* Yo dos y tú uno.
NARRADOR 2	Llegaron al cementerio y otra vez se acercó ella.
MUJER	*(Fingiendo murmurar.)* Mira, que voy a dejar que te entierren.
NARRADOR 1	Y el otro:
HOMBRE	*(Fingiendo murmurar.)* La autoridad es la autoridad. Yo dos y tú uno.
NARRADOR 1	Lo bajaron de las andas y empezaron a ponerlo en la sepultura.
NARRADOR 2	Otra vez ella, gritando *(La mujer diciendo "¡Ay!" en voz alta)* se le echó encima y le dijo al oído:
MUJER	*(Inclinándose y fingiendo murmurar.)* Por última vez. Tú uno y yo dos.
HOMBRE	*(Fingiendo murmurar.)* Ni hablar. Que me entierren.
NARRADOR 1	Y como ya lo iban bajando,
NARRADOR 2	dijo ella,
MUJER	*(Gritando.)* ¡Está bien, cómete los tres, animal!
NARRADOR 1	Y entonces él se incorporó de un salto y gritó también:
HOMBRE	*(Sentándose recto y descruzando las manos. Grita, burlándose como un niño.)* ¡Que como tres, que como tres!
NARRADOR 2	*(La mujer de pie, agitada.)* ¡Come los tres, animal!
NARRADOR 1	*(El hombre de pie, muy macho.)* La autoridad es la autoridad. Yo dos y tú uno.

Rodríguez Almodóvar, Antonio. *Cuentos al amor de la lumbre II,* E. G. Anaya, S.A., Madrid, España, 1984. Adaptado para *Readers Theater* por Carol Sparks.

Nombre _____

Fecha _____

¡DIME!
UNO

UNIDAD 8
LECCIÓN 3

¡A ESCUCHAR!

A **¡Un picnic!** Norma y su mamá están en un supermercado haciendo las compras para un picnic familiar. Escucha su conversación e indica qué cosas compran. Escucha otra vez para verificar tus respuestas.

B **¡Qué rico!** Teresa y Ricardo tienen invitados esta noche y van a preparar una sopa especial. Primero estudia la lista de los ingredientes. Luego escucha mientras Ricardo le lee la receta a Teresa e indica en qué orden se usan los ingredientes. Escucha la receta otra vez para verificar tus respuestas.

____ 100 g. pan rebanado
____ 1 litro de agua
____ 3 dientes de ajo
____ 100 g. jamón
____ 6 huevos
_1_ 100 g. aceite de oliva
____ 1 cucharada pimentón
____ sal, al gusto

C   **El campamento.** La señora Vargas acaba de recibir una carta de su hijo Manuel que está en un campamento. Primero lee las siguientes oraciones. Luego escucha la carta y selecciona la frase que mejor complete cada oración. Escucha otra vez para verificar tus respuestas.

1. En el campamento, Manuel está . . .
   - **a.** aburrido.
   - **b.** preocupado.
   - **c.** contento.
   - **ch.** nervioso.

2. Antes del desayuno, Manuel y sus compañeros . . .
   - **a.** se peinan.
   - **b.** se lavan la cara.
   - **c.** van a las montañas.
   - **ch.** van al lago.

3. Por la mañana, a Manuel le gusta . . .
   - **a.** dormir tarde.
   - **b.** comer de todo.
   - **c.** bañarse en agua fría.
   - **ch.** no desayunar.

4. Durante el día, Manuel y sus compañeros . . .
   - **a.** nadan en el lago.
   - **b.** van a las montañas.
   - **c.** van a clases.
   - **ch.** a, b y c.

5. Por la noche, Manuel . . .
   - **a.** canta.
   - **b.** duerme poco.
   - **c.** tiene calor.
   - **ch.** a, b y c.

Nombre _____

Fecha _____

¡DIME!
UNO

UNIDAD 8
LECCIÓN 3

¡A ESCUCHAR!

CH **¡Qué emocionante!** Primero lee las siguientes oraciones. Luego escucha al locutor de un programa de radio para jóvenes e indica si cada oración es **cierta** o **falsa.** Escucha otra vez para verificar tus respuestas.

C   F   **1.** Hay un evento especial hoy en el museo de la ciudad.

C   F   **2.** Hay exhibiciones de varios países.

C   F   **3.** Varias personas están bailando.

C   F   **4.** Un grupo mexicano está tocando música.

C   F   **5.** Hay mucha comida mexicana.

C   F   **6.** Algunas personas están vendiendo artesanías.

C   F   **7.** En la sección de Puerto Rico están cocinando salsa.

C   F   **8.** El locutor quiere bailar.

C   F   **9.** Están vendiendo hamburguesas y papas fritas.

C   F   **10.** El locutor quiere comer.

Una comida especial. Víctor no pudo ir a cenar al restaurante Tío Paco con el Club de Español. Ahora Elena está contándole lo que pasó en el restaurante. Escucha lo que ella dice e indica el orden cronológico de los eventos, escribiendo el número correspondiente a cada dibujo. Escucha otra vez para verificar tus respuestas.

Nombre _____

Fecha _____

¡DIME!
UNO

UNIDAD 8
LECCIÓN 3

¡A ESCUCHAR!

Pronunciación y ortografía

Repaso de acentuación

E You have learned that Spanish words that end in a vowel, **-n,** or **-s** and are stressed on the next-to-last syllable do not require a written accent. Repeat each of the following words after the speaker says it twice, taking care to stress the syllables in bold type.

pier-na	a-cue-**duc**-to	puer-to-rri-**que**-ño
bra-zos	a-**fei**-tan	ma-qui-**lla**-je
Se-**go**-via	di-**ji**-mos	re-fri-ge-ra-**do**-res

F You have also learned that Spanish words that end in a consonant other than **-n** or **-s** and are stressed on the last syllable require no written accent. Repeat each of the following words after the speaker says it twice, taking care to stress the syllables in bold type.

ju-ga-**dor**	di-rec-**tor**	te-ne-**dor**	fa-**vor**
o-cu-**rrir**	a-**zul**	ciu-**dad**	ho-**tel**

G Words that do not follow the preceding rules require a written accent on the stressed vowel. Repeat each of the following words after the speaker says it twice, taking care to stress the syllables in bold type.

jó-ve-nes	Gu-**tié**-rrez	pi-**dió**
co-ra-**zón**	her-mo-**sí**-si-mo	tam-**bién**
fá-cil	au-to-**bús**	**rá**-pi-do

H Listen as the speaker says each of the following words twice. Then add an accent mark to each, if needed, to reflect the pronunciation.

beisbol	albondigas
sillones	natacion
dificil	control
entrenador	paella
bañandose	arbitros
curiosidad	adios

I   Some written accents are used to distinguish words with identical spellings. These written accents do not affect the pronunciation. Repeat each of the following words after the speaker says it twice.

tú (tu)   qué (que)   dónde (donde)   mí (mi)
cómo (como)   sé (se)   él (el)

J   Now listen to a dialogue between Clara and a friend and write in the missing words. You will hear the dialogue twice.

— Ay, _____. Tengo un problema.

— ¿_____ pasa, Clara?

— _____ me _____ al cine, pero hay un examen de

_____ en la clase de español mañana.

— Pobrecita. ¡Qué _____! (ja, ja)

— _____, chica. No _____ qué voy a hacer.

— Pues, niña, _____ al cine y yo te ayudo con _____ _____.

— Un _____ de _____, chica. _____ eres mi

_____ amiga.

A   **En el café.** ¿Qué pasa cuando la familia Luján almuerza en el Café del Sol? Ordena las siguientes ideas en una secuencia lógica y escribe oraciones describiendo el almuerzo desde el comienzo hasta el final.

El padre: pagar la cuenta / dejar una propina

La madre: pedir ensalada mixta y café

El padre: desear ver la carta

El camarero: decir «Buenas tardes» a la familia

La familia: solamente desear la cuenta

La familia: tener una mesa reservada

El camarero: servir la comida

El padre y los hijos: pedir bocadillos de jamón serrano y limonada

El camarero: preguntar si querer algo más

1. _____

   _____

2. _____

   _____

3. _____

   _____

4. _____

   _____

5. _____

   _____

6. _____

   _____

7. _____

   _____

8. _____

   _____

9. _____

   _____

B **¿Qué piden?** Describe lo que piden los clientes y lo que les sirven en este café.

EJEMPLO **Teresa pide queso.**

1. Juan

   _____

2. el camarero

   _____

3. tú

   _____

4. las hermanas López

   _____

5. yo

   _____

6. las camareras

   _____

7. nosotros

   _____

8. el cocinero

   _____

Nombre _____

Fecha _____

¡DIME!
UNO

UNIDAD 8
LECCIÓN 3

¡A ESCRIBIR!

C **Tarjetas postales.** Durante un viaje a Madrid, les escribes tarjetas postales a tus amigos. Habla de los lugares que viste, de las comidas, de la gente y de lo que estás haciendo. Escribe algo diferente en cada tarjeta.

Querida

Querido

Querida

El año escolar. Durante el año tú y tus amigos participaron en muchas actividades. En el calendario, escribe dos o tres actividades en las que participaron cada mes.

septiembre	octubre	noviembre	diciembre	enero

febrero	marzo	abril	mayo	junio

In this lesson you learned more ways to talk about foods, food preparation, and much more. Write the Spanish words and expressions that you learned in these categories.

Comida

_____   _____

_____   _____

_____   _____

_____   _____

_____   _____

_____   _____

_____   _____

_____   _____

_____   _____

_____   _____

_____   _____

Preparación

_____   _____

_____   _____

_____   _____

_____   _____

_____   _____

_____   _____

Verbos

_____   _____

_____   _____

_____   _____

_____   _____

_____   _____

_____   _____

_____   _____

Palabras y expresiones

_____   _____

_____   _____

_____   _____

_____   _____

_____   _____

_____   _____

_____   _____

_____   _____

_____   _____

_____   _____

_____   _____

A **En la cocina.** Hay 29 palabras relacionadas a la cocina y la comida en esta sopa de letras. Ponle un círculo a las palabras que pueden aparecer de izquierda a derecha o de arriba hacia abajo. Luego escribe las letras que no se usan en el orden en que aparecen para descubrir la pregunta secreta.

```
M   A   N   T   E   Q   U   I   L   L   A
O   C   C   O   C   I   N   E   R   O   L
S   E   F   R   O   F   U   E   G   O   B
T   I   R   T   C   A   R   N   E   T   O
A   T   U   I   I   F   R   E   I   R   N
Z   E   T   L   N   T   A   P   A   B   D
A   D   A   L   A   S   A   D   O   I   I
E   E   S   A   R   T   E   N   I   Z   G
N   O   M   E   Z   C   L   A   R   C   A
S   L   T   S   L   E   C   H   E   O   S
A   I   O   P   E   N   M   E   S   C   Q
L   V   M   A   H   U   E   V   O   H   U
A   A   A   Ñ   S   A   L   T   U   O   E
D   M   T   O   U   C   O   P   A   N   M
A   H   E   L   A   H   N   A   G   U   A
A   M   M   A   Y   O   N   E   S   A   R
C   O   C   H   I   N   I   L   L   O   B
J   A   M   O   N   R   E   C   A   F   E
```

¿__ __ __ __ __ __   __ __

__ __ __ __   __ __ __ __ __ __ __?

aceite de oliva	carne	fruta	mantequilla	sal
agua	cochinillo	fuego	melón	sartén
albóndigas	cocinar	huevo	mezclar	tapa
asado	cocinero	jamón	mostaza	tomate
bizcocho	ensalada	leche	pan	tortilla española
café	freír	mayonesa	quemar	

¿Cómo? Indica cómo se hacen las cosas, completando este crucigrama con las formas adverbiales de las siguientes palabras.

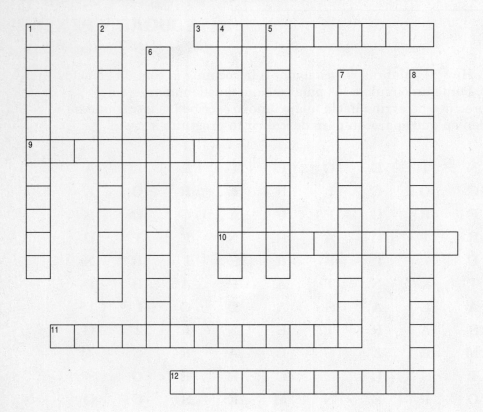

Horizontal

   3. De una manera usual
   9. De una sola manera
   10. De una manera total
   11. De una manera perfecta
   12. De una manera normal

Vertical

   1. De una manera cortés
   2. De una manera general
   4. De una manera simple
   5. De una manera alegre
   6. De una manera violenta
   7. De una manera directa
   8. De una manera inmediata